El nivel de enseñanza que [Pastor Gary Whetstone] pone sobre la mesa ¡es totalmente increíble! Lo que usted necesita es esto. Le llevará al siguiente nivel. Cuando uno tiene la oportunidad de oír algo que el pastor Whetstone ha endosado y preparado, sin duda estamos tratando con alguien que no solo ha estado en el salón de conferencias, sino que ha estado también en el campo de batalla...y sabe de lo que está hablando.

—*T. D. Jakes*
Apóstol y obispo, The Potter's House, Dallas, Texas

Gary y Faye Whetstone asistieron a nuestra iglesia en Tulsa antes de que comenzaran la poderosa obra que hacen ahora en Delaware. Estamos emocionados por el nuevo entrenamiento bíblico que tienen, para poner la Palabra de Dios de forma práctica en la vida de la gente. Tienen la visión de alcanzar al mundo para Jesucristo. Recomendamos mucho lo que Gary y Faye Whetstone están haciendo en este nuevo entrenamiento de estudio bíblico. ¡Conéctese!

—*Billy Joe Daugherty*
Fundador y pastor, Victory Christian Center, Tulsa, Oklahoma

Es sin duda un gran honor hablarle sobre este increíble programa de estudio bíblico bajo el ungido liderazgo de Gary Whetstone. Primero, conozco a Gary desde hace muchos, muchos años. Gary es un pastor increíble y maestro y evangelista a las naciones del mundo, y está cualificado espiritualmente para dirigir este maravilloso estudio bíblico. Recomiendo de todo corazón este ministerio de estudio bíblico bajo el liderazgo de Gary Whetstone.

—*Morris Cerullo*
Fundador, World Evangelismo, Inc., San Diego, California

Creo que todos los que se sienten bajo esta enseñanza ungida y el ministerio del pastor Whetstone en esta increíble escuela estarán totalmente equipados para recoger la cosecha final antes del inminente regreso de nuestro Señor y Salvador Jesucristo.

—*Rod Parsley*
Pastor, World Harvest Church, Columbus, Ohio

He estado en los púlpitos del mundo con Gary Whetstone, y he visto personalmente la unción y el poder que Dios usa a través de él para cambiar literalmente vidas. La calidad y la profundidad de su enseñanza, su sabor interdenominacional, y su poder ungido es algo que le animo a aprovechar.

—*Charles Blair*
Pastor difunto, Calvary Temple, Denver, Colorado

MENTALIDAD *De* MILLONARIO

MENTALIDAD DE MILLONARIO

GARY WHETSTONE

WHITAKER
HOUSE

A menos que se indique lo contrario, todas las citas de la Escritura marcadas son tomadas de la *Santa Biblia, Versión Reina-Valera 1960*, rvr, © 1960 por las Sociedades Bíblicas en América Latina; © renovado 1988 por las Sociedades Bíblicas Unidas. Usadas con permiso. Las citas de la Escritura marcadas (nvi) son tomadas de la *Santa Biblia, Nueva Versión Internacional*®, nvi®, © 1999 por la Sociedad Bíblica Internacional. Usadas con permiso. Reservados todos los derechos. Las citas de la Escritura marcadas (ntv) son tomadas de la *Santa Biblia, Nueva Traducción Viviente*, ntv, © 2008, 2009 Tyndale House Foundation. Usadas con permiso de Tyndale House Publishers, Inc., Wheaton, Illinois 60189. Todos los derechos reservados. Las citas bíblicas marcadas (lbla) son tomadas de *La Biblia de las Américas*®, lbla®, © 1986, 1995, 1997 por The Lockman Foundation. Usadas con permiso. Derechos reservados. (www.LBLA.org).

Negrita y cursiva en las citas de la Escritura indica que es énfasis del autor.

Traducción al español realizada por:
Belmonte Traductores
Manuel de Falla, 2
28300 Aranjuez
Madrid, ESPAÑA
www.belmontetraductores.com

Gary Whetstone
P.O. Box 10050
Wilmington, DE 19850
www.gwwm.com
E-mail: info@gwwm.com

MENTALIDAD DE MILLONARIO

(Publicado también en inglés bajo el título: *Millionaire Mentality*)

ISBN: 978-1-62911-571-9
Impreso en los Estados Unidos de América
© 2015 por Gary Whetstone

Whitaker House
1030 Hunt Valley Circle
New Kensington, PA 15068
www.whitakerhouse.com

Por favor, envíe sugerencias sobre este libro a: comentarios@whitakerhouse.com.

Ninguna parte de este libro puede ser reproducida o transmitida de ninguna manera o por ningún medio, electrónico o mecánico—fotocopiado, grabado, o por ningún sistema de almacenamiento y recuperación (o reproducción) de información—sin permiso por escrito de la casa editorial. Por favor para cualquier pregunta dirigirse a: permissionseditor@whitakerhouse.com.

1 2 3 4 5 6 7 8 9 10 11 **ᲚᲙ** 22 21 20 19 18 17 16 15

"Porque cual es su pensamiento en su corazón, tal es él".
—Proverbios 23:7

Sino acuérdate de Jehová tu Dios, porque él te da el poder para hacer las riquezas, a fin de confirmar su pacto que juró a tus padres, como en este día".
—Deuteronomio 8:18

ÍNDICE

INTRODUCCIÓN

Al final de la semana o del mes, ¿tiene usted menos dinero del que necesita? ¿Parece como si su bolso o cartera tuviera agujeros? ¿Siente que nunca tiene tiempo suficiente para trabajar y hacer todas las demás cosas que debe hacer? ¿Trabaja tanto que no puede disfrutar de sus ingresos? ¿Le desagrada su trabajo y desearía poder encontrar la carrera perfecta? ¿Se le hace una carga pensar en el sueño de Dios que hay en su corazón, porque no sabe cómo lograrlo? Muchas personas se ven ante desafíos estresantes como estos sin saber cómo escapar de la frustración.

De niño, a menudo oía a mi padre bromear con el día de cobro diciendo que ponía su cheque en una "bolsa con agujeros". Durante diez años de mi vida laboral, adopté la actitud de mi padre y seguí en su camino respecto a las finanzas. Después, en 1978, descubrí verdades bíblicas ¡que liberaron mis finanzas!

¿Quiere experimentar libertad en sus finanzas? La Biblia promete que Dios no hace acepción de personas: *"Entonces Pedro, abriendo la boca, dijo: En verdad comprendo que Dios no hace acepción de personas"* (Hechos 10:34).

Es la voluntad de Dios para usted que descubra estos secretos bíblicos. Entonces usted también podrá vivir con libertad financiera. Pregúntese: ¿Estoy siguiendo perspectivas de carencia similares? ¿Estoy listo para un cambio? Si es así, ¡este libro es para usted!

Proverbios 10:22 promete: *"La bendición de Jehová es la que enriquece, y no añade tristeza con ella"*.

¿Cree usted que es la voluntad de Dios bendecirle? ¿Se da cuenta de que su bendición produce riqueza sin tristeza?

Imagine cómo sería su vida si experimentase la promesa de Dios en Proverbios 10:22. ¿Eliminaría muchas actividades que producen tristeza y frustración financiera en su vida? Creo que su vida no será la misma cuando entienda e implemente los principios de Dios en sus finanzas.

Verá, la Palabra de Dios contiene principios poderosos que nunca cambian diseñados para gobernar sobre sus circunstancias. Cuando usted se alinea con su Palabra, será bendecido perpetuamente y experimentará libertad en cada área de su vida. En este libro estudiaremos la progresión de los principios financieros en la Biblia, lo cual forma lo que yo llamo la "mentalidad de millonario". Estos son *propósito, visión profética, meditación embarazada, proclamación* y *provisión*.

Mientras usted lee estas páginas, es mi oración que Dios le inspire con respuestas claras sobre cómo lograr los sueños de su corazón. ¡Prepárese para embarcarse en un viaje emocionante hacia la satisfacción personal y la prosperidad bíblica!

1

HAGA NACER LA MENTALIDAD DE MILLONARIO

Fue necesaria una abogada judía para que Dios captara mi atención. Desde entonces, mi empresa y mi vida personal nunca han sido lo mismo. La simple revelación que recibí de Dios un día revolucionó mi perspectiva e hizo nacer la mentalidad de millonario. ¡Creo que pasará lo mismo con usted!

Todo comenzó en 1978 cuando mi esposa Faye y yo comenzamos una pequeña empresa con solo mil dólares y un deseo de libertad del mundo laboral cotidiano. Desde nuestro hogar, comenzamos a vender cocinas a leña a varios amigos y colegas de trabajo. Como los Estados Unidos estaban en medio de una crisis de energía, los precios del petróleo estaban tan altos que la gente estaba buscando combustibles alternativos para calentar sus hogares. En dos años, para asombro nuestro, ¡poseíamos cinco empresas con un total de ventas brutas de diez millones de dólares! Con tres tiendas de venta al por menor, una floreciente empresa mayorista y una empresa de manufactura-representación, estábamos al borde de lanzar nuestra propia franquicia.

En este momento quizá usted piense: *No es de extrañar que pudiera pensar como un millonario, debido a todo lo que tenía.* Pero la apariencia no es necesariamente la realidad, ¡así que no saque conclusiones aún!

Verá, la mayoría de los días, mi esposa y nuestra plantilla de trabajo trabajaban incansablemente desde las 5:00 de la mañana hasta las 11:00 de la noche. Poco después, las empresas que yo había formado para bendecir a mi familia, nos consumían. La enorme cantidad de trabajo necesario se estaba convirtiendo rápidamente en una carga. Me vi a mí mismo como siervo de eso que yo mismo había creado.

Algo tenía que cambiar, pero no sabía qué. Fue entonces cuando Dios intervino de una forma inesperada: mediante una mujer judía.

¿QUIÉN PLANTÓ EL HUERTO DEL EDÉN?

Durante esos años, retuve a una abogada de impuestos para ayudarme con la toma de decisiones respecto a las operaciones generales de nuestra empresa. Ella era judía, y yo era cristiano. Como usted esperaría, yo le daba testimonio continuamente sobre aceptar a Jesucristo y ser salva. Sin embargo, en una de nuestras reuniones, en vez de que mis palabras cambiaran su vida, ¡esta abogada judía hizo una afirmación que revolucionó por completo *mi* vida!

Oro para que usted oiga lo que yo oí ese día. De hecho, le animo a tomar un momento para orar antes de seguir leyendo. Pídale a Dios que le dé oídos para oír, ¡en el nombre de Jesús!

Aquel día, cuando habíamos terminado de hablar de los negocios y yo estaba a punto de salir de la oficina de mi abogada judía, ella me hizo una pregunta inusual: "¿Sabes por qué es difícil para algunos amigos judíos míos creer lo que tú llamas evangelio?".

Mi respuesta fue muy simple: "No".

La mujer judía me dio una perspectiva de la Palabra de Dios que yo nunca antes había considerado. Levantándose de su silla me explicó: "Vayamos a la sala de conferencias de la empresa. Quiero enseñarte algo".

En la pared más lejana había estanterías con los libros de empresas de sus clientes. Señaló a un libro finito y dijo: "El propietario es judío. Personalmente gana más de quinientos mil dólares al año como propietario ausente con un trabajo muy mínimo". Después, uno tras otro compartió la carga de trabajo de muchos de sus clientes, todos ellos judíos. El último conjunto de libros era de mis empresas. Eran grandes y llenos. Al instante, me di cuenta de que ella sabía algo que yo no sabía.

Sus siguientes palabras atravesaron mi corazón, al preguntarme: "¿Te preocupas y oras constantemente por tu economía? ¿Está tu vida consumida por las empresas hasta el punto de que ahora vives para servir a tu trabajo? ¿Te sientes satisfecho con las empresas que creaste, o estás empleando demasiado tiempo y dinero con poco beneficio?".

En ese punto, supe que ella tenía una imagen muy acertada de mi vida; quizá de la de usted también.

Tras regresar a su oficina, ambos nos sentamos, y ella me miró fijamente a los ojos y me preguntó: "¿Quién plantó el huerto del Edén?".

Para mi vergüenza, realmente no lo sabía. En ese entonces, los cristianos con los que iba a la iglesia citaban solo del Nuevo Testamento. Verá, ellos pensaban que como Jesús cumplió el Antiguo Testamento, las promesas que Dios había dado a los israelitas ya no eran para el presente. Después, sin embargo, ¡descubrí que eso no era cierto! Todas las promesas de Dios en el Antiguo y Nuevo Testamentos son para nosotros.

Bien, mi abogada abrió su cajón y sacó el Pentateuco: los cinco primeros libros de la Biblia. Mientras me leía las Escrituras, ¡me sentí como si *ella* me estuviera convirtiendo a *mí*! ¿Una judía convirtiendo a un cristiano? Sí. Ese día, mi abogada judía me enseñó verdades importantes del Antiguo Testamento que yo no había visto antes.

Ella comenzó a leer del primer libro:

Y Jehová Dios plantó un huerto en Edén, al oriente; y puso allí al hombre que había formado. Y Jehová Dios hizo nacer de la tierra todo árbol delicioso a la vista, y bueno para comer; también el árbol de vida en medio del huerto, y el árbol de la ciencia del bien y del mal. Y salía de Edén un río para regar el huerto, y de allí se repartía en cuatro brazos. El nombre del uno era Pisón; éste es el que rodea toda la tierra de Havila, donde hay oro; y el oro de aquella tierra es bueno; hay allí también bedelio y ónice. El nombre del segundo río es Gihón; éste es el que rodea toda la tierra de Cus. Y el nombre del tercer río es Hidekel; éste es el que va al oriente de Asiria. Y el cuarto río es el Eufrates. Tomó, pues, Jehová Dios al hombre, y lo puso en el huerto de Edén, para que lo labrara y lo guardase.

(Génesis 2:8–15)

Aquí estaba la respuesta a la pregunta de mi abogada. Dios mismo plantó el huerto del Edén, y con él, ¡proveyó para el hombre muchas provisiones y prosperidad!

Escuchando atentamente cada palabra, experimenté una nueva visión del plan de Dios para el hombre. Mientras mi abogada me leía la Palabra de Dios, yo pensaba: ¡Vaya! En el antiguo pacto, Dios reveló sabiduría a los judíos para liberarlos de la esclavitud financiera. Ahora, quiero que esas promesas también funcionen en mi vida".

Entonces, este versículo inmediatamente vino a mi mente: *"El que anda con sabios, sabio será; mas el que se junta con necios será quebrantado"* (Proverbios 13:20). Estaba listo para un cambio en mi vida para evitar ser quebrantado. Decidí en ese momento que prestaría atención a esa sabiduría.

La revelación golpeó mi corazón: **Yo tengo un campo que Dios plantó para mí.** Él lo plantó, regó e hizo crecer para mí. En mi campo está toda la provisión que necesito, así como se le proveyó a Adán y Eva oro, berilio y ónices en el Edén. De hecho, Dios creó la tierra para que trabajara para el hombre, ¡no al hombre para que trabajara para la tierra! De repente, mis ojos fueron abiertos. Me di cuenta de que mi trabajo en el huerto que Dios me había dado ¡era simplemente cosecharlo!

Mi abogada continuó explicándome que para cada hombre, Dios ha plantado un huerto diseñado para servir a ese hombre. La revelación golpeó mi corazón: *Yo tengo un campo que Dios plantó para mí.* Él lo plantó, regó e hizo crecer para mí. En mi campo está toda la provisión que necesito, así como se le proveyó a Adán y Eva oro, berilio y ónices en el Edén. De hecho, Dios creó la tierra para que trabajara para el hombre, ¡no al hombre para que trabajara para la tierra! De repente, mis ojos fueron abiertos. Me di cuenta de que mi trabajo en el huerto que Dios me había dado ¡era simplemente cosecharlo!

El pecado de Adán trajo la maldición de que el hombre trabajara para la tierra. Esa no era la intención original de Dios. La desobediencia de Adán abrió la puerta para esta maldición:

> *Y al hombre dijo* [Dios]*: Por cuanto obedeciste a la voz de tu mujer, y comiste del árbol de que te mandé diciendo: No comerás de él; maldita será la tierra por tu causa; con dolor comerás de ella todos los días de tu vida. Espinos y cardos te producirá, y comerás plantas del campo. Con el sudor de tu rostro comerás el pan hasta que vuelvas a la tierra, porque de ella fuiste tomado; pues polvo eres, y al polvo volverás.*
>
> (Génesis 3:17–19)

De repente, el campo de Adán comenzó a producir espinos y cardos. Ahora, él tenía que trabajar para la tierra en vez de que la tierra trabajara para él.

Mi abogada judía continuó diciendo que muchos cristianos se atan a la maldición pensando que conseguir beneficios y ser ricos es pecado. Finalmente, terminamos nuestra conversación con un poco de humor. Yo concluí: "Bien, imagino que por eso el cliché no es: ¡'tan pobre como un ratón de sinagoga'!".

No, la norma aceptada por muchas personas hoy día es: "tan pobre como un ratón de iglesia".

DIOS, ¿CUÁL ES MI CAMPO?

La semana siguiente volé al estado de Washington. Allí, me reuní con un fabricante a quien mi compañía anualmente le compraba unos 750.000 dólares en productos.

A las 5:00 de la mañana aproximadamente, me desperté y comencé a pedirle a Dios que me mostrara el campo que Él había plantado para mí. Al instante, el Espíritu Santo habló a mi espíritu, dirigiéndome a dimitir como distribuidor de sus materiales. La instrucción fue explícita. Tenía que ofrecer representar los productos de esa fábrica a distribuidores al este del río Mississippi con una comisión de un doce por ciento.

Me reuní con el fabricante en el desayuno y compartí acerca de encontrar el campo que Dios había plantado para mí. Tras dejar nuestra distribución, la compañía, a cambio, me contrató para representar sus productos. Aleluya, ¡funcionó! La presión financiera se fue. No necesitaba pedir prestado más dinero para inventario. De repente, mi almacén, camiones, empleados, todos los gastos de estructura y las presiones que conllevaban eran innecesarios.

Como resultado de ese pensamiento de Dios, recibí mi primer cheque por comisiones, ¡de 50.000 dólares en un mes! La cantidad de trabajo que empleé fue menos de una semana, ¡y mis costos fueron menos de 1.000 dólares! Había encontrado mi campo. Estaba trabajando para *mí*. Ya no tenía que ser esclavo de mi propia empresa para conseguir resultados. Este evento cambió para siempre mi forma de *percibir* a Dios, lo cual determina cómo *recibo* ahora de Él.

Dios también ha plantado un campo para *usted*. En un capítulo posterior detallaré un plan práctico para ayudarle a encontrar el campo ordenado por Dios para usted. Mediante su campo, Dios proveerá todo lo que usted necesite para lograr la voluntad de Él para su vida y conseguir un sentimiento de realización. Pero antes de que encuentre su campo y comience a dejar que trabaje para usted, debe entender un principio muy importante: el propósito de la riqueza. Debo advertirle que entender la información del siguiente capítulo es clave para su éxito y satisfacción. Asegúrese de leerlo detalladamente.

2

EL PROPÓSITO DE
SU RIQUEZA

Muchas personas de manera subconsciente creen que buscar la riqueza es malo, y a la vez emplean la mayor parte de sus horas del día trabajando por un sueldo. Otros creen que adquirir dinero y riqueza les dará la satisfacción. Sin embargo, solo la paz y el gozo de saber que estamos en la voluntad de Dios nos da la verdadera realización.

En este capítulo hablaremos de la voluntad de Dios respecto a su prosperidad, cómo evitar la trampa de acumular riqueza con los motivos incorrectos, y por qué este conocimiento es clave para el éxito. Ahora, examinemos el primero de los cinco principios que conducen a tener una mentalidad de millonario: propósito.

CONOZCA CUÁL ES EL PROPÓSITO DE LA RIQUEZA ANTES DE CONSEGUIRLA

Debe conocer el propósito de algo antes de poder entender bien su provisión o cómo obtenerlo. En otras palabras, saber por qué hace algo le permite saber *qué* hacer y *cómo* hacerlo. Sin responder al "porqué" del propósito, no puede tener el "qué" de la provisión. Verá, si una persona no sabe por qué existe algo, es muy probable que lo use con el propósito equivocado. Esto finalmente puede convertirse en abuso, haciendo que la persona pierda eso que buscó y adquirió.

Esto es cierto de las riquezas. Muchas personas no entienden el propósito de la riqueza. Caen en la tentación de acumular dinero para propósitos que no son la intención original de Dios. A veces, incluso los cristianos pueden hacer esto. Muchos se ven ante conflictos económicos sin reconocer la voluntad de Dios. Algunos luchan continuamente con su economía y no pueden liberar su mente de la presión. El estrés financiero a menudo lleva a la ruptura familiar, problemas de salud y dificultades en otras áreas. Se me parte el corazón al ver a tantas personas en esclavitud económica cuando Dios ya ha provisto las respuestas y los medios para la libertad.

Bien, ¿cuál es el propósito de las riquezas, y por qué quiere Dios que usted las tenga? Deuteronomio 8:18 declara:

Sino acuérdate de Jehová tu Dios, porque él te da el poder para hacer las riquezas, a fin de confirmar su pacto que juró a tus padres, como en este día.

El propósito original de Dios para la riqueza era establecer su pacto sobre la tierra. En el libro de Génesis, la Biblia explica el pacto de Dios con Abraham (previamente llamado Abram) para los judíos. Aunque hablaremos de esto más adelante, observe las promesas de Dios en los siguientes versículos:

En aquel día hizo Jehová un pacto con Abram, diciendo: A tu descendencia daré esta tierra.   (Génesis 15:18)

Y haré de ti una nación grande, y te bendeciré, y engrandeceré tu nombre, y serás bendición.   (Génesis 12:2)

Y pondré mi pacto entre mí y ti, y te multiplicaré en gran manera... He aquí mi pacto es contigo, y serás padre de muchedumbre de gentes.   (Génesis 17:2, 4)

Desde este pacto, el mundo nunca ha considerado a los judíos como un pueblo pobre.

La verdad es que Dios no solo tiene grandes planes para su pueblo, sino que también provee los medios para lograrlos. Sin embargo, tenemos carencias y nos llevamos los sueños de Dios a nuestra tumba. Eso parte el corazón de Dios.

Antes mencioné el dicho "tan pobre como un ratón de iglesia", pero un ratón de iglesia no es tan pobre como un "ratón de sinagoga". ¿Por qué? ¿No es cierto que, mediante Jesucristo, los cristianos tienen un mejor pacto que el que tuvieron los judíos? El nuevo pacto se establece sobre mejores promesas. ¿Qué hizo creer a la iglesia que era tan pobre como un ratón de iglesia? Muchos aceptan la creencia de que la iglesia no tiene suficientes fondos, y que las sobras de la vida de un cristiano no bastan para dar de comer ni a un ratón.

Los cristianos que creen esto están entristeciendo al Espíritu Santo. La verdad es que Dios no solo tiene grandes planes para su pueblo, sino que también provee los medios para lograrlos. Sin embargo, tenemos carencias y nos llevamos los sueños de Dios a nuestra tumba. Eso parte el corazón de Dios.

La obra de Cristo en el Calvario injertó a sus creyentes en el pacto de Dios con Abraham. Ahora, podemos vivir en una relación ilimitada con Dios. De hecho, tenemos un pacto infinitamente mejor que el que tuvo Abraham, porque tenemos a Cristo morando en nosotros mediante el Espíritu Santo. Si usted es cristiano, esto es también cierto para usted.

EL PACTO DE DIOS CON USTED

Para entender mejor el pacto de Dios con su pueblo y su propósito para la riqueza, estudiemos el capítulo ocho de Deuteronomio. ¿Cuál era el plan de Dios para los hijos de Israel mientras vagaban por el desierto durante cuarenta años?

Por iniciativa de Dios, Moisés les explicó a los israelitas:

Cuidaréis de poner por obra todo mandamiento que yo os ordeno hoy, para que viváis, y seáis multiplicados, y entréis y poseáis la tierra que Jehová prometió con juramento a vuestros padres. (Deuteronomio 8:1)

Aquí vemos que Dios dio los mandamientos a los israelitas para que vivieran un estilo de vida moral y disciplinado. Obedecerlos les permitiría recibir sus promesas. Muchas veces, vemos la ley de Moisés simplemente como una norma por la que revelar el pecado del hombre y controlar la conducta moral. Sin embargo, el propósito original de los mandamientos era capacitar a los israelitas para obtener las bendiciones que Dios deseaba darles. Debemos entender que Dios no quería que los israelitas vivieran con carencias, sino que caminaran en sus promesas. Entonces podemos apreciar los mandamientos de una forma completamente nueva.

Moisés continuó:

Y te acordarás de todo el camino por donde te ha traído Jehová tu Dios estos cuarenta años en el desierto, para afligirte, para

probarte, para saber lo que había en tu corazón, si habías de
guardar o no sus mandamientos.   (Deuteronomio 8:2)

Es difícil conocer el verdadero carácter de un hombre hasta
que se enfrenta al estrés. La presión revela la naturaleza oculta.
En el versículo de arriba, aprendemos que Dios decidió probar a
los israelitas para ver si le obedecían. Así que les dejó en una "olla
a presión" durante cuarenta años. Dios también sabía que podía
decidir si eran sabios corrigiéndoles, porque una persona sabia se
beneficia de la corrección y la represión. Sin embargo, un necio se
rebela contra la autoridad.

Hay una razón por la que algunos cristianos aún no tienen la
provisión de Dios. Es porque no han demostrado aún que oirán y
obedecerán a Dios viviendo por su palabra.

La represión aprovecha al entendido, más que cien azotes al
necio.   (Proverbios 17:10)

El necio menosprecia el consejo de su padre; mas el que guarda
la corrección vendrá a ser prudente.   (Proverbios 15:5)

Ahora, Dios pasó por las prueba con los israelitas:

Y te afligió, y te hizo tener hambre, y te sustentó con maná,
comida que no conocías tú, ni tus padres la habían conocido,
para hacerte saber que no sólo de pan vivirá el hombre, mas

de todo lo que sale de la boca de Jehová vivirá el hombre.

(Deuteronomio 8:3)

Dios quería que la nación de Israel viviera de la revelación sustentadora de su Palabra, no de la provisión que podían obtener con sus propias manos. Así, Él deseaba que se convirtieran en personas orientadas a la revelación, no personas orientadas a la provisión.

Dios probó a los israelitas durante cuarenta años, para que aprendieran que el hombre no vive solo de pan sino de toda palabra de Dios. Verá, la provisión viene de la voz de Dios. Sin embargo, los israelitas no esperaban que su sustento viniera de la voz del Padre. De hecho, ¡ni siquiera querían oírle! Piense en ello: los israelitas pasaron cuarenta años en el desierto, ¡porque no escucharon ni obedecieron a Dios! Por lo tanto, ¡no pudieron caminar en sus promesas!

Ahora, gracias a la obra consumada de Jesucristo, la iglesia tiene promesas mucho mejores que las que tenía Israel. Sí, Dios probó a los israelitas por un tiempo para comprobar si le obedecerían antes de darles la provisión. Y la naturaleza de Dios no cambia. Así como el Señor se comunicó y probó a su pueblo en el Antiguo Testamento, igualmente nos prueba hoy. *"Jesucristo es el mismo ayer, y hoy, y por los siglos"* (Hebreos 13:8). Israel aprendió a ser un pueblo obediente en una tierra hostil. Jesús también aprendió la obediencia mediante el sufrimiento en un entorno hostil. De forma similar, la iglesia primitiva aprendió a obedecer a Dios en un entorno antagónico. Por lo tanto, es muy probable que nosotros nos veamos ante circunstancias hostiles para motivarnos a obedecer la Palabra de Dios. Si Jesús tuvo que aprender la obediencia mediante el sufrimiento, es seguro que nosotros lo haremos también. (Véase Juan 15:20). Hay una razón por la que algunos cristianos aún no tienen la provisión de Dios. Es porque no han demostrado aún que oirán y obedecerán a Dios viviendo por su palabra.

Quizá esté pensando: *Yo creía que este libro era acerca de la mentalidad de millonario: cómo hacer dinero.* Y lo es, pero tiene que hacerlo según el plan de Dios, no según la carne. Hay una gran diferencia. Usted puede conseguir dinero por las razones incorrectas, tanto ilegal como legalmente; sin embargo, estas malas motivaciones no producirán bendiciones en su vida. Mire, no estoy escribiendo simplemente sobre dinero, sino también sobre su conexión con el propósito de Dios. Se trata de lo que Dios desea para usted, formarle para que sea usted confiable en cualquier cosa que Él ponga en sus manos. De lo contrario, cualquier riqueza que acumule será una maldición para usted.

Ahora bien, cuando usted comience a acumular riqueza y bendiciones según la manera de Dios, es clave que recuerde de dónde las recibió:

Porque Jehová tu Dios te introduce en la buena tierra, tierra de arroyos, de aguas, de fuentes y de manantiales, que brotan en vegas y montes; tierra de trigo y cebada, de vides, higueras y granados; tierra de olivos, de aceite y de miel; tierra en la cual no comerás el pan con escasez, ni te faltará nada en ella; tierra cuyas piedras son hierro, y de cuyos montes sacarás cobre. Y comerás y te saciarás, y bendecirás a Jehová tu Dios por la buena tierra que te habrá dado. Cuídate de no olvidarte de Jehová tu Dios, para cumplir sus mandamientos, sus decretos y sus estatutos que yo te ordeno hoy; no suceda que comas y te sacies, y edifiques buenas casas en que habites, y tus vacas y tus ovejas se aumenten, y la plata y el oro se te multipliquen, y todo lo que tuvieres se aumente; y se enorgullezca tu corazón, y te olvides de Jehová tu Dios, que te sacó de tierra de Egipto, de casa de servidumbre; que te hizo caminar por un desierto grande y espantoso, lleno de serpientes ardientes, y de escorpiones, y de sed, donde no había agua, y él te sacó agua de la roca del pedernal; que te sustentó con maná en el desierto, comida que tus padres no habían conocido, afligiéndote y probándote,

para a la postre hacerte bien; y digas en tu corazón: Mi poder
y la fuerza de mi mano me han traído esta riqueza.

(Deuteronomio 8:7–17)

El diseño de Dios es enseñarle a mejorar, prosperar y obtener beneficio con olas de prosperidad que rompen contra su vida.

Recuerde: Dios probó a los israelitas para poder bendecirles al final. Sin embargo, cuando llegaron las bendiciones, Dios no quería que los israelitas se volvieran vagos a la hora de confiar en Él y obedecerle.

He visto a muchas personas cruzar el umbral hacia la prosperidad. De antemano, habían diezmado y dado ofrendas correctamente. Sus declaraciones, acciones y motivaciones habían sido coherentes con la Palabra de Dios. Entonces, ideas creativas comenzaron a fluir. Llegó el aumento financiero, y el poder de la unción de Dios se infiltró en sus corazones y sus vidas. Sin embargo, en ese punto comenzaron a pensar que el fruto de su cultivo y desarrollo era suficiente para sostenerles. Se olvidaron de Dios. Entonces, comenzaron a afligirles muchos tipos de dificultades y situaciones negativas. He descubierto que es mejor demostrarle a Dios que confiaremos en Él y le obedeceremos antes de obtener sus bendiciones; de lo contrario, las bendiciones puede que se conviertan en nuestra caída en picado.

Leamos los dos versículos siguientes después de Deuteronomio 8:18:

Sino acuérdate de Jehová tu Dios, porque él te da el poder para hacer las riquezas, a fin de confirmar su pacto que juró a tus padres, como en este día. Mas si llegares a olvidarte de Jehová tu Dios y anduvieres en pos de dioses ajenos, y les sirvieres y a ellos te inclinares, yo lo afirmo hoy contra vosotros, que de cierto pereceréis. Como las naciones que Jehová destruirá delante de vosotros, así pereceréis, por cuanto no habréis atendido a la voz de Jehová vuestro Dios.

(Deuteronomio 8:18–20)

Dios quiere que usted esté en el fluir del dinero; sin embargo, si usted se olvida de Dios y de su propósito para la riqueza, entonces puede que la pierda igual de rápido que la consiguió.

Hemos aprendido de Deuteronomio que Dios no le dio la Tierra Prometida a la nación de Israel hasta que el pueblo le obedeció. Hoy día, cuando encuentro un grupo de personas que no caminan en la provisión de la visión de Dios, sé que hay una razón para ello. Esto puede sonar duro, pero la verdad es que es posible que no sean fiables aún. Puede que no hayan pasado la prueba de la obediencia en algún área de su vida. Ahora bien, esas personas puede que tengan buenas intenciones, pero ya conoce el dicho: "El camino al infierno está pavimentado con buenas intenciones". Las buenas intenciones no merecen las bendiciones de Dios. Para obtener buenos resultados, debe tener comunión con Dios y obedecerle.

Leamos otra versión de un pasaje de Isaías:

Esto dice el Señor, tu Redentor, el Santo de Israel: "Yo soy el Señor tu Dios, que te enseña lo que te conviene y te guía por las sendas que debes seguir. ¡Ah, si solo hubieras hecho caso a mis mandatos! Entonces habrías tenido una paz que correría como un río manso y una justicia que pasaría sobre ti como las olas del mar. Tus descendientes habrían sido como la arena del mar, ¡imposibles de contar! No habría sido necesario destruirte ni cortar el nombre de tu familia."

(Isaías 48:17–19, ntv)

En efecto, Dios dijo a los israelitas: "Si me hubieran escuchado y seguido, habrían experimentado un fluir constante de prosperidad en sus vidas. En vez de ello, miren lo que han cosechado. Yo habría perpetuado bendiciones a través de sus hijos, pero ahora debe cesar". Entonces Israel regresó a la esclavitud.

El diseño de Dios es enseñarle a mejorar, prosperar y obtener beneficio con olas de prosperidad que rompen contra su vida. ¿Debería satisfacerle un estanque tranquilo? ¡No! ¡Crea y espere que Dios libere torrentes de bendiciones y prosperidad en dirección a usted!

¿Se da cuenta de que hay más dinero en esta tierra que ideas de las personas acerca de qué hacer con él? Sin embargo ¿cuántos pensamos que no tenemos suficiente? El problema está en nuestra perspectiva. Es tiempo de cambiar nuestra manera de pensar en el dinero.

SIGA EL PLAN DE DIOS PARA LAS RIQUEZAS

Un día, Dios me habló diciendo que era mi momento para un aumento sobrenatural. Después, tuve una oportunidad de comprar acciones, las cuales se vendían a cerca de treinta centavos por acción. Sin embargo, el temor se apoderó de mí y no las compré, y en cuestión de días, el precio de cierre de las acciones ¡era de 2,90 dólares por acción! Ahora bien, créame, no estoy defendiendo la compra de acciones. Sin embargo, ahora me doy cuenta de que como no escuché la voz de Dios, perdí mi oportunidad de obtener ganancias.

¿Cómo puede reclamar una oportunidad perdida? No puede. Las generaciones de israelitas que murieron en el desierto no recibieron su porción de las promesas de Dios. Es sencillo: cuando no sigue la dirección de Dios, pierde sus bendiciones. Esto es doloroso, pero Dios no garantiza bendiciones incondicionales. Él solo garantiza amor incondicional. En otras palabras, ¡Dios le amará a pesar de si usted decide o no servirle y recibir bendiciones!

Algunos podrían decir que Dios es un Dios de segundas oportunidades. Esta es una frase bonita pero no una garantía. Cuando leo mi Biblia, veo que muchas personas no recibieron segundas oportunidades. De hecho, algunos desobedecieron ¡y murieron al día siguiente! No todos tienen automáticamente una segunda, tercera o cuarta oportunidad con Dios. Cuando eso sí ocurre, deberíamos dar gracias a Dios por su gracia, pero no planificar nuestras vidas en base a ello. Es mucho mejor obedecer a Dios cuando habla que fallarle repetidamente como lo hizo Israel. Seguir el propósito de Dios la primera vez es como pasar sus exámenes.

Pregúntese: ¿Estoy en un tiempo de prueba para demostrar si viviré de cada palabra que sale de la boca de Dios? ¿Creo que mi sustento vendrá mediante las promesas de Dios si le soy obediente? ¿Confiará Él en mí con lo que ponga en mis manos? Estos son asuntos clave que hay que resolver. No importa si usted es un bebé en Cristo, una persona madura, un creyente que se sabe la Biblia, alguien entre estos, o si no es cristiano. Dios quiere ver si puede confiar en usted. La Biblia nos promete que *"vendrán sobre ti todas estas bendiciones, y te alcanzarán, si oyeres la voz de Jehová tu Dios"* (Deuteronomio 28:2).

El engaño puede hacer que alguien crea que está bien con Dios; sin embargo, si las bendiciones de Dios no están sobre usted, algo anda mal. He oído decir: "Dios nunca le llevará más allá de su último acto de desobediencia". ¿Siente que está atascado en la carencia y la falta de satisfacción? Sea honesto consigo mismo al examinar su corazón. Pídale al Señor que le revele áreas de desobediencia en su vida o áreas en las que no confía en Él completamente.

DIOS DESEA PROSPERAR A SU PUEBLO

La intención de Dios nunca ha sido que su pueblo tenga carencia. A lo largo de su Palabra, encontramos que esto es cierto. La Biblia promete:

Gustad, y ved que es bueno Jehová; Dichoso el hombre que confía en él. Temed a Jehová, vosotros sus santos, pues nada falta a los que le temen. Los leoncillos necesitan, y tienen hambre; pero los que buscan a Jehová no tendrán falta de ningún bien.   (Salmos 34:8-10)

Canten y alégrense los que están a favor de mi justa causa, Y digan siempre: Sea exaltado Jehová, que ama la paz de su siervo.   (Salmos 35:27)

Aquí, la Biblia dice que exaltemos al Señor, quien se agrada en mi prosperidad. Prefiero hacer feliz a Dios bendiciéndome y prosperándome, ¡que decepcionarle teniendo necesidad y carencias! ¿Y usted?

Dios tuvo a los israelitas en el desierto durante cuarenta años para que aprendieran que el hombre no vive solo de pan sino de toda palabra que sale de la boca de Dios. Sin embargo, la mentalidad del hombre no ha cambiado; seguimos creyendo que tenemos que trabajar para vivir. Por lo tanto, empleamos solo un poco de tiempo, si es que empleamos algo, para estar con Dios y escucharle.

Recuerde que Proverbios 10:22 dice: *"La bendición de Jehová es la que enriquece, y no añade tristeza con ella".*

¿Se despierta cada mañana gritando de gozo por la provisión de Dios, o habla con una motivación dolorosa? "No me imagino de dónde vendrá el dinero. Otro día, otro dólar. Es un lunes oscuro, un martes de tribulación, un miércoles sin propósito, jueves desagradecido o viernes exhausto. Será un milagro si logro superar esta semana. Ese mísero cheque que recibo nunca me llega para hacer nada. Todo el mundo, el gobierno, mi familia, e incluso Dios, quieren llevarse una parte. Todos tienen una mano en mi bolsillo".

¿Siente que el dinero que gana cada semana no está cumpliendo sus sueños para el mañana? ¿Ya se ha gastado el cheque de este mes y aún tiene que pagar las facturas? Pagar los gastos de ayer no es una buena motivación para trabajar. No se venga abajo. Deje que la Palabra de Dios avive su espíritu. Esto es lo que Dios tiene que decir sobre su situación:

Porque sol y escudo es Jehová Dios; gracia y gloria dará Jehová. No quitará el bien a los que andan en integridad.
(Salmos 84:11)

Porque los malignos serán destruidos, pero los que esperan en Jehová, ellos heredarán la tierra… Mejor es lo poco del justo, que las riquezas de muchos pecadores… Joven fui, y he envejecido, y no he visto justo desamparado, ni su descendencia que mendigue pan. (Salmos 37:9, 16, 25)

Bienaventurado el hombre que teme a Jehová, y en sus mandamientos se deleita en gran manera. Su descendencia será poderosa en la tierra; la generación de los rectos será bendita. Bienes y riquezas hay en su casa, y su justicia permanece para siempre. (Salmos 112:1–3)

Honra a Jehová con tus bienes, y con las primicias de todos tus frutos; y serán llenos tus graneros con abundancia, y tus lagares rebosarán de mosto. (Proverbios 3:9–10)

Recompensa de la humildad y del temor [del Señor] *son las riquezas, la honra y la vida.*   (Proverbios 22:4, NVI)

¿Están ustedes dispuestos a obedecer? ¡Comerán lo mejor de la tierra!   (Isaías 1:19, NVI)

Reconstruirán las ruinas antiguas, y restaurarán los escombros de antaño; repararán las ciudades en ruinas, y los escombros de muchas generaciones. Gente extraña pastoreará los rebaños de ustedes, y sus campos y viñedos serán labrados por un pueblo extranjero. Pero a ustedes los llamarán "sacerdotes del SEÑOR*"; les dirán "ministros de nuestro Dios". Se alimentarán de las riquezas de las naciones, y se jactarán de los tesoros de ellas.* (Isaías 61:4–6, NVI)

Estos versículos son solo pequeñas muestras de la evidencia bíblica de que Dios desea bendecirle económicamente. Lea los sesenta y seis libros de la Biblia, y anote cada versículo que trate sobre las finanzas, incluidos el trabajo, los ingresos, riquezas, engaño de las riquezas, propiedad, mayordomía y otros temas relacionados. Si lo hace, encontrará más sobre este tema que sobre cualquier otro tema en toda la Palabra de Dios. ¿Sabe por qué? Porque sus finanzas pueden influenciarle tanto como lo hace Dios.

Jesús dijo:

Nadie puede servir a dos señores, pues menospreciará a uno y amará al otro, o querrá mucho a uno y despreciará al otro. No se puede servir a la vez a Dios y a las riquezas.

(Mateo 6:24, NVI)

Dios sabe cómo piensa la gente. Invertirán de cuarenta a sesenta horas a la semana en el trabajo y ganarán dinero a la vez que se quejan del mensaje del domingo de su pastor si dura más de cuarenta y cinco minutos. Aquí tiene un pensamiento interesante: ¿Qué ocurriría si invirtiéramos el ciclo? ¿Qué pasaría si la gente empleara cuarenta horas a la semana en la Palabra y una hora trabajando para conseguir todo el dinero que necesita? Dios tuvo a los israelitas en el desierto durante cuarenta años para que aprendieran que el hombre no vive solo de pan sino de toda palabra que sale de la boca de Dios. Sin embargo, la mentalidad del hombre no ha cambiado; seguimos creyendo que tenemos que trabajar para vivir. Por lo tanto, empleamos solo un poco de tiempo, si es que empleamos algo, para estar con Dios y escucharle.

¿A quién serviremos? La decisión es nuestra. ¿Viviremos en entornos malditos o benditos? Yo tomé mi propia decisión temprano. Decidí que merecía la pena emplear más tiempo en la Palabra que en intentar hacer dinero. No es de extrañar que descubriera ¡que hay más dinero en la Palabra que en hacer dinero! ¿Cómo lo supe? Aprendí que viene de leer y meditar en la Biblia y pasar tiempo con Dios. Él me da ideas creativas que generan más ingresos de los que yo podría lograr "dando palos de ciego" en mis propios negocios.

Escuchar la voz de Dios le liberará del estrés de pensar continuamente en el dinero y en cómo conseguirlo o mantenerlo. Dios derramará tantas ideas inspiradas y bendiciones sobre usted, que no será capaz de contenerlas todas. En su Palabra, Él declara:

> *Yo amo a los que me aman, y me hallan los que temprano me buscan. Las riquezas y la honra están conmigo; riquezas duraderas, y justicia. Mejor es mi fruto que el oro, y que el oro refinado; y mi rédito mejor que la plata escogida. Por vereda de justicia guiaré, por en medio de sendas de juicio, para hacer que los que me aman tengan su heredad, y que yo llene sus tesoros.*
>
> (Proverbios 8:17–21)

¿Significa esto que Dios no tiene interés en el dinero? No. Recuerde que todo es suyo. Él simplemente desea que usted lo use adecuadamente. Piense en esto: Dios ama a los que le aman y le buscan. ¡Él hace que ellos hereden riquezas y tengan todos los tesoros!

Aunque este libro tiene que ver con la mentalidad de millonario, no promete necesariamente que al leerlo, su estado de cuentas mostrará un saldo de millones de dólares. De hecho, su mentalidad debería quedar influenciada por el conocimiento de que su valía es mucho mayor que cualquier cantidad de dinero.

Verá, solo cuando entiende el precio tan desorbitante que Dios pagó por usted, puede apreciar plenamente su dignidad y valor personal para Él. Sabemos que el precio que alguien está dispuesto a pagar por un artículo determina su verdadero valor. Su valor para Dios está establecido. Él ya lo decidió, ¡mediante el asombroso sacrificio de su Hijo unigénito!

Nunca subestime lo que Dios quiera hacer con su vida. Reconozca que su Palabra declara:

Amado, yo deseo que tú seas prosperado en todas las cosas, y que tengas salud, así como prospera tu alma.   (3 Juan 1:2)

Y a Aquel que es poderoso para hacer todas las cosas mucho más abundantemente de lo que pedimos o entendemos, según el poder que actúa en nosotros, a él sea gloria.
(Efesios 3:20–21)

Pido a Dios que abra los ojos de su entendimiento y le haga ver todo el panorama financiero y material desde el punto de vista de Él. Recuerde: ¡como usted perciba a Dios es como recibirá de Dios!

Concluyamos este capítulo con una oración pidiendo entendimiento del propósito de las riquezas:

Padre celestial,

Gracias por establecer un pacto santo conmigo mediante tu Hijo, Jesús. Creo, según tu Palabra, que deseas bendecirme y prosperarme, y me harás cumplir tu sueño celestial para mi vida.

Cuando tus bendiciones vengan sobre mí, oh Señor, ayúdame a no olvidarme de ti. Que mis ojos sigan enfocados en ti, Padre, y no en las riquezas y la prosperidad. Ayúdame a ser un buen administrador de tus bendiciones. En el nombre de Jesús, amén.

3

ENCUENTRE EL CAMPO QUE DIOS PLANTÓ PARA USTED

Nunca olvide que la forma en que usted percibe a Dios determina cómo recibe de Dios. Usted es muy importante para su Padre celestial. Él tiene una visión para su reino, y usted tiene un papel clave que desempeñar en el sueño de Dios. Para ayudarle en ese papel, Él ha preparado un lugar de provisión para usted. Localizarlo liberará su tiempo, para que pueda dedicar más esfuerzos y finanzas a su obra en vez de emplear todo su tiempo trabajando para ganar un salario. La clave para llegar ahí es encontrar ese campo. En este capítulo le enseñaré cómo hacer eso, mientras exploramos el segundo de los cinco principios que conducen a la mentalidad de millonario: visión profética. Después, en otro capítulo, veremos con más detalle la visión profética, específicamente cómo activar sus sueños.

SOLO UNA PALABRA DE DIOS

En 1983 mi esposa y yo vendimos nuestras empresas; después, en 1984 comenzamos una iglesia en nuestro hogar solo con tres personas. Tras unos meses, le pregunté a Dios por qué me había quitado el don de dar, porque muchos años antes de esto, Dios nos había bendecido para que pudiéramos apoyar sustancialmente la obra de su reino tanto en los Estados Unidos como en el extranjero. Ahora, nuestros ingresos eran significativamente menores.

En el instante en que las palabras salieron de mi boca, el Espíritu Santo habló a mi espíritu. "Yo no te he quitado el don de dar", dijo Él. "¡Tú me lo has quitado!".

Salí afuera y le pregunté: "Señor, ¿dónde está el campo que plantaste para mí?".

Inmediatamente, el Espíritu del Señor me volvió a hablar. Esta vez, me dijo que comprara la casa de mis vecinos por treinta mil dólares. Me di cuenta de que su valor de mercado era al menos de setenta y cinco mil dólares; sin embargo, obedientemente fui a la casa de mis vecinos y compartí la revelación acerca del campo de Dios con los propietarios. Ellos de inmediato respondieron que la casa valía al menos setenta y cinco mil dólares, ¡y no estaba en venta! Tras una pequeña discusión, me fui, diciendo: "Cuando estén listos para vendérmela, ¡llámenme!".

A los tres meses, recibí esa llamada, y mis vecinos me vendieron su casa por solo treinta mil. Tras un lavado de cara de diez mil dólares, vendí la casa en el mismo año por noventa y siete mil. Solo un pensamiento de Dios produjo un beneficio bruto de cincuenta y siete mil dólares.

Ahora mantengo una perspectiva de que Dios siempre tiene un campo plantado para mí, el cual está listo para cosechar. Lo único que tengo que hacer es buscar a Dios para encontrarlo y cosechar.

COSECHE EL CAMPO DE SUS SUEÑOS

Creo que los siguientes versículos son aplicables a cualquier campo que Dios haya plantado para sus hijos, ya sea predicar el evangelio a no creyentes, ministrar, enseñar, trabajar en empresas, etc.

Jesús les dijo: Mi comida es que haga la voluntad del que me envió, y que acabe su obra. ¿No decís vosotros: Aún faltan cuatro meses para que llegue la siega? He aquí os digo: Alzad vuestros ojos y mirad los campos, porque ya están blancos para la siega. Y el que siega recibe salario, y recoge fruto para vida eterna, para que el que siembra goce juntamente con el que siega. Porque en esto es verdadero el dicho: Uno es el que siembra, y otro es el que siega. Yo os he enviado a segar lo que vosotros no labrasteis; otros labraron, y vosotros habéis entrado en sus labores.   (Juan 4:34–38)

Al continuar con nuestro viaje y profundizar en la mentalidad de millonario, prepárese para ser *su* campo blanco y listo para la siega ante sus ojos. Ahora, le animo a examinar cuidadosamente su vida mientras respondemos a las siguientes preguntas importantes:

+ ¿Qué es un campo maldito?

+ ¿Cuál es mi actitud respecto a mi futuro financiero?

+ ¿Dónde está el campo que Dios ha plantado para mí?

Para una enseñanza muy profunda e informativa sobre encontrar el campo específico que Dios ha plantado para usted, por favor refiérase a mi serie de ocho casetes: "True Success—How to Find the Field God Has Planted for You" [Éxito verdadero: Cómo encontrar el campo que Dios ha plantado para usted], disponible en audio, video o CD. Los temas incluyen entender los síntomas de un campo maldito, cómo escapar del campo de maldición, identificar los orígenes de su entorno laboral, reconocer sus dones y sus adaptaciones basadas en la necesidad financiera, salir de la necesidad para entrar en los propósitos de Dios, y muchos más.

IDENTIFICACIONES BÍBLICAS DE UN CAMPO MALDITO

Quizá usted tiene una visión, pero durante años algo le ha retenido, impidiéndole avanzar hacia su cumplimiento. Si ha sentido un estrangulamiento o rigidez de su sueño, quizá haya una maldición en su vida. Antes de proceder, debe cerrar todas las puertas abiertas a las maldiciones.[1]

Responder a las siguientes preguntas le ayudará a decidir si tiene un campo maldito. Sea totalmente honesto consigo mismo al responder a estas preguntas.

1. En su actual empleo, ¿fija usted su propio nivel de ingresos y la dirección de su vocación, o es otra persona la que decide cuál es su valía?

2. ¿Disfruta profundamente de lo que hace, o es solo un medio de conseguir dinero?

3. ¿Es el trabajo de sus manos como la maldición que Dios le dio a Adán, como leímos antes? (Véase Génesis 3:17–19).

4. En Deuteronomio 28 podemos leer acerca de las bendiciones y maldiciones de la Ley. La gente que violaba la Ley tenía problemas y depravación económica. ¿Ha tenido usted alguna vez alguna de las siguientes maldiciones?

Pero acontecerá, si no oyeres la voz de Jehová tu Dios, para procurar cumplir todos sus mandamientos y sus estatutos que yo te intimo hoy, que vendrán sobre ti todas estas maldiciones, y te alcanzarán. Maldito serás tú en la ciudad, y maldito en el campo. Maldita tu canasta, y tu artesa de amasar.

(Deuteronomio 28:15–17)

Plantarás viña, y no la disfrutarás. Tu buey será matado delante de tus ojos, y tú no comerás de él; tu asno será

---

1. Para estrategias prácticas en cuanto a romper maldiciones, por favor acuda a mi libro *Como Identificar Y Remover Maldiciones*, que también está disponible en cinta. Para descubrir más sobre cómo la caída en el huerto del Edén produjo una maldición sobre la humanidad, cómo ser libre de esa maldición y cómo ayudar a otros a ser libres en el nombre de Jesús, refiérase a mi libro *Conquistando a Tus Enemigos Invisibles*.

arrebatado de delante de ti, y no te será devuelto; tus ovejas serán dadas a tus enemigos, y no tendrás quien te las rescate... El fruto de tu tierra y de todo tu trabajo comerá pueblo que no conociste; y no serás sino oprimido y quebrantado todos los días. (Deuteronomio 28:30–31, 33)

Sacarás mucha semilla al campo, y recogerás poco, porque la langosta lo consumirá. Plantarás viñas y labrarás, pero no beberás vino, ni recogerás uvas, porque el gusano se las comerá. Tendrás olivos en todo tu territorio, mas no te ungirás con el aceite, porque tu aceituna se caerá. Hijos e hijas engendrarás, y no serán para ti, porque irán en cautiverio. Toda tu arboleda y el fruto de tu tierra serán consumidos por la langosta...El te prestará a ti, y tú no le prestarás a él; él será por cabeza, y tú serás por cola...servirás, por tanto, a tus enemigos que enviare Jehová contra ti, con hambre y con sed y con desnudez, y con falta de todas las cosas; y él pondrá yugo de hierro sobre tu cuello, hasta destruirte. (Deuteronomio 28:38–42, 44, 48)

SU ACTITUD DETERMINA SU ALTITUD

¡Ahora es el tiempo de cambiar! Debe corregir sus ideas acerca de su trabajo e ingresos. Esta es una parte importante de encontrar su terreno para cosechar.

Durante mi divorcio y segundas nupcias con Faye en 1975, me quejaba de mi trabajo y de lo mal pagado que estaba. Entonces, un día leí el siguiente versículo en la Biblia:

Y todo lo que hacéis, sea de palabra o de hecho, hacedlo todo en el nombre del Señor Jesús, dando gracias a Dios Padre por medio de él. (Colosenses 3:17)

Este versículo revelaba un gran problema en mi vida. Durante años, muchos de mis amigos y yo nos quejábamos continuamente de nuestros trabajos. Me di cuenta de que nunca había trabajado *en el nombre de Jesús*. A partir de ese momento, hice cada tarea, cada soldadura en cada automóvil, proclamando, "En el nombre de Jesús". Muchas veces durante semanas, repetía sobre mi trabajo: "En el nombre de Jesús". Entonces, un día observé que mi sensación en el trabajo había cambiado, porque estaba continuamente dando gracias a Dios. ¡Sí, fue un gran cambio! Tras un tiempo, llegué a amar mi trabajo, incluso se convirtió en un gozo; sin embargo, nada había cambiado excepto mi actitud.

Una de las mayores falacias es que las circunstancias deben cambiar para que usted tenga gozo. ¡No! Ahí donde usted está, comience a amoldar su pensamiento, palabras y acciones a la Palabra de Dios. ¡Y después llegará el gozo!

> *Dad gracias en todo, porque esta es la voluntad de Dios para con vosotros en Cristo Jesús.*   (1 Tesalonicenses 5:18)

Cuando usted cambia su actitud, ¡cambia su altitud! También recuerde que *"la muerte y la vida están en poder de la lengua, y el que la ama comerá de sus frutos"* (Proverbios 18:21).

Ahora está de camino a lavar su mentalidad por la Palabra, para que Dios pueda mostrarle su voluntad para su vida.

> *No os conforméis a este siglo, sino transformaos por medio de la renovación de vuestro entendimiento, para que comprobéis cuál sea la buena voluntad de Dios, agradable y perfecta.*
>
> (Romanos 12:2)

Renovar su mente con la verdad de Dios le lleva a la voluntad de Dios. ¿Cómo puede hacer eso? Usted renueva su mente lavándola con la Palabra de Dios, lo cual significa leer la Biblia y meditar en ella, y preguntarle a Dios cómo aplicarla a su vida.

> *Cristo amó a la iglesia, y se entregó a sí mismo por ella, para santificarla, habiéndola purificado en el lavamiento del agua*

por la palabra, a fin de presentársela a sí mismo, una iglesia gloriosa, que no tuviese mancha ni arruga ni cosa semejante, sino que fuese santa y sin mancha.   (Efesios 5:25–27)

CÓMO IDENTIFICAR EL CAMPO QUE DIOS PLANTÓ PARA USTED

Es la voluntad de Dios que usted trabaje y coseche el campo de sus sueños, el cual Dios plantó para que usted lo disfrute. Para saber si ha descubierto el campo de Dios para usted o no, responda a estas preguntas:

1. ¿Describen las bendiciones de Dios en Deuteronomio 28 su vida y su trabajo?

Acontecerá que si oyeres atentamente la voz de Jehová tu Dios, para guardar y poner por obra todos sus mandamientos que yo te prescribo hoy, también Jehová tu Dios te exaltará sobre todas las naciones de la tierra. Y vendrán sobre ti todas estas bendiciones, y te alcanzarán, si oyeres la voz de Jehová tu Dios. Bendito serás tú en la ciudad, y bendito tú en el campo. Bendito el fruto de tu vientre, el fruto de tu tierra, el fruto de tus bestias, la cría de tus vacas y los rebaños de tus ovejas. Benditas serán tu canasta y tu artesa de amasar. Bendito serás en tu entrar, y bendito en tu salir. Jehová derrotará a tus enemigos que se levantaren contra ti; por un camino saldrán contra ti, y por siete caminos huirán de delante de ti. Jehová te enviará su bendición sobre tus graneros, y sobre todo aquello en que pusieres tu mano; y te bendecirá en la tierra que Jehová tu Dios te da.   (Deuteronomio 28:1–8)

Y te hará Jehová sobreabundar en bienes, en el fruto de tu vientre, en el fruto de tu bestia, y en el fruto de tu tierra, en el país que Jehová juró a tus padres que te había de dar. Te abrirá Jehová su buen tesoro, el cielo, para enviar la lluvia a tu tierra en su tiempo, y para bendecir toda obra de tus manos. Y prestarás a muchas naciones, y tú no pedirás prestado. Te pondrá Jehová por cabeza, y no por cola; y estarás encima solamente, y no estarás debajo, si obedecieres los mandamientos de Jehová tu Dios, que yo te ordeno hoy, para que los guardes y cumplas, y si no te apartares de todas las palabras que yo te mando hoy, ni a diestra ni a siniestra, para ir tras dioses ajenos y servirles. (Deuteronomio 28:11–14)

2. Simplemente piense en el trabajo más satisfactorio que podría hacer. ¿Es eso lo que hace ahora?

3. ¿Está usted diariamente en su elemento? ¿Está usted desarrollándose y usando sus dones?

4. ¿Siente que sus tareas diarias tienen un significado eterno, o cada día trae un sentimiento de arduo trabajo interminable?

5. Al final del día, ¿siente crecimiento en el sueño de su vida personal?

Ahora mismo, quizá esté pensando: *Yo no estoy experimentando nada de el campo abundante que Dios ha plantado para mí.* No se rinda. Está ahí fuera para usted y le quedará como un guante. Quizá quiera comenzar a trabajar hacia sus sueños a tiempo parcial. ¡Permítalos crecer hasta que los esté viviendo plenamente! En todo lo que haga, ¡recuerde siempre que su actitud, palabras y acciones afectan a su futuro!

Recuerde: si obedece a Dios, todas sus bendiciones y promesas son suyas. Ningún hombre puede detener lo que Dios ha declarado para usted. Su Padre celestial quiere superarle con sus bendiciones para que sus postreros días brillen más que los primeros. Si le obedece, Él le bendecirá.

Si usted no está experimentando aún las bendiciones, hay una razón. Entienda que hay una causa para todo. En la Biblia, este principio de causa y efecto se llama *"la sementera y la siega"* (Génesis

8:22). Si no puede erradicar la causa de su carencia, entonces libere lo que Dios originalmente quiso para usted (bendiciones, riqueza, satisfacción y prosperidad en cada área de su vida), entonces podrá disfrutar de los efectos.

Al escribir a los Gálatas, el apóstol Pablo dijo:

> *Cristo nos redimió de la maldición de la ley, hecho por noso-tros maldición (porque está escrito: Maldito todo el que es col-gado en un madero), para que en Cristo Jesús la bendición de Abraham alcanzase a los gentiles, a fin de que por la fe recibiésemos la promesa del Espíritu.*   (Gálatas 3:13–14)

Recuerde: si obedece a Dios, todas sus bendiciones y promesas son suyas. Ningún hombre puede detener lo que Dios ha declarado para usted.

Tener la bendición de Abraham significa que, primero, reci-birá la promesa del Espíritu mediante la fe, la persona plena del Espíritu de Dios fluyendo en su vida. Segundo, tener la bendición de Abraham también significa que tendrá todo lo que Dios le pro-metió a Abraham en su pacto. Por lo tanto, tiene el derecho de recibir las bendiciones de Dios al ir y venir, y todo enemigo que se levante contra usted será aplastado ante usted y dispersado, según Deuteronomio 28. ¿Está experimentando estas promesas? Si no, ¡puede hacerlo! Siga leyendo. Prepárese para el siguiente capítulo, donde nos sumergiremos más en el principio de la visión profética.

4

ACTIVE LAS SEMILLAS DE SUS SUEÑOS

Siguiendo con el principio de visión profética de la mentalidad de millonario, permítame asegurarle que usted tiene todo a su disposición para alcanzar sus sueños. ¿Por qué, entonces, están los cementerios del mundo llenos de sueños abortados? No debería ser así. En este capítulo, aprenderá cómo plantar las semillas de su sueño para que maduren plenamente como Dios quería originalmente.

Hoy día, muchas personas tienen sueños en su espíritu que aún no han sido activados. ¿Es esta su situación? ¿Han oscurecido su sueño los eventos y retos de cada día? ¿Se ve ante circunstancias que le hacen limitar, atar y frenar su visión? Quizá ha intentado lograr su sueño pero no tuvo éxito. No caiga en la tentación del enemigo de apartar sus visiones debido a la frustración y decir: "¡Olvídalo! ¡Todo esto es un enredo!". Ese *no* es el plan de Dios para usted.

EL HOMBRE DEBE REINAR

¿Cuál es entonces la intención de Dios para su vida? Para descubrir la respuesta a esta pregunta, examinemos el sueño original de Dios para Adán y Eva.

Y creó Dios al hombre a su imagen, a imagen de Dios lo creó; varón y hembra los creó. Y los bendijo Dios, y les dijo: Fructificad y multiplicaos; llenad la tierra, y sojuzgadla, y señoread en los peces del mar, en las aves de los cielos, y en todas las bestias que se mueven sobre la tierra.

(Génesis 1:27–28)

¡Qué increíble responsabilidad fue esta! Piense en lo que Dios soñó para el primer hombre y la primera mujer. En efecto, Él les ordenó diciendo: "Quiero que comiencen a ser fructíferos. Multiplíquense. Donde encuentren en la tierra pérdida, repuéblenlo. Rehagan toda la tierra, y sojuzguen todo lo que no tenga ley. Cuando terminen todo esto y la tierra sea como tiene que ser, quiero que gobiernen sobre ella. Este es mi sueño para ustedes. Todo lo que he creado está bajo su influencia. Adán, yo invierto dentro de ti toda la autoridad y capacidad para administrar la creación".

¿Qué hizo Adán como respuesta al sueño de Dios? Ordenó a los animales y les puso nombre. Impartió propósito a todo lo que existía. ¿Cómo hizo Adán eso? Actuó sobre su sueño con un propósito e identidad divinos. Verá, la identidad de Adán no estaba en su humanidad, sino que nació de la intención original de Dios para la humanidad.

De hecho, Dios destinó a *toda* la humanidad para que gobernara, controlara y ejerciera un dominio absoluto sobre el entorno de Dios. Podemos ver esto en el Salmo 8:4–6, el cual revela los pensamientos de nuestro Padre celestial acerca del hombre:

¿Qué es el hombre, para que tengas de él memoria, y el hijo del hombre, para que lo visites? Le has hecho poco menor que los ángeles, y lo coronaste de gloria y de honra. Le hiciste señorear sobre las obras de tus manos; todo lo pusiste debajo de sus pies.

(Salmos 8:4–6)

Creo que Dios nos ha glorificado tanto que es un privilegio para la tierra el que nosotros caminemos por ella. Es un privilegio para el aire el que nosotros lo respiremos. No somos deudores de oxígeno, sino que el oxígeno nos debe a nosotros. No creo que le debamos nada al dinero. Más bien, el dinero nos lo debe todo, porque el dinero existe solo para que nosotros lo usemos.

Aquí, vemos que Dios creó al hombre a su imagen y confirió gloria y honor sobre él. ¿Alguna vez se ha sentido deshonrado por las acciones, actitudes o motivaciones de otras personas hacia usted? Por favor, dese cuenta de que eso no rebaja los pensamientos de Dios hacia usted. Cambie su forma de pensar para que se amolde a los pensamientos de Dios y su Palabra.

Usted y yo llevamos la gloria y el honor de Dios dentro de nosotros. ¡Somos sus hijos! Creo que Dios nos ha glorificado tanto que es un privilegio para la tierra el que nosotros caminemos por ella. Es un privilegio para el aire el que nosotros lo respiremos. No somos deudores de oxígeno, sino que el oxígeno nos debe a nosotros. No creo que le debamos nada al dinero. Más bien, el dinero nos lo debe todo, porque el dinero existe solo para que nosotros lo usemos. Piense en ello. Somos el propósito por el que existe el dinero. Dios nos ha creado a usted y a mí con gloria, honor y dignidad. Vivimos en la esfera del dominio: diseñados para reinar, no para que otros nos dominen.

Por ejemplo, piense en el desarrollo de un niño. Un bebé solo sabe cómo actuar humanamente. Al haber venido recientemente de Dios, anhela expresar su libertad. Por lo tanto, grita a todo pulmón hasta conseguir lo que quiere. Verá, él sabe solamente que ha venido a la tierra a reinar y ser servido. Los adultos entonces le dicen: "No, no, así no es como funciona el mundo real". Ellos le condicionan para que sea siervo de su entorno y sus sistemas y reglas, lo cual a cambio aplasta toda su motivación para crear. Después, la gente quizá se pregunta por qué carece de motivación. Una razón es que cuando ha desarrollado la capacidad de levantarse y reinar sobre un entorno, los adultos le han callado, le han sentado y le han dicho que eso estaba mal. En vez de eso, ¿qué habría pasado si hubieran dirigido la motivación del niño hacia las avenidas creativas de Dios?

Algunas acciones que interpretamos como rebeldía en los hijos realmente no lo son en absoluto. Simplemente son expresiones de un espíritu que no quiere que otros lo frenen o sujeten. Creo que uno de los mayores obstáculos para el éxito es el proceso educativo al que sujetamos a nuestros hijos. ¿Están las escuelas seculares entrenándolos para que vivan según lo que Dios les ha prometido? ¿Les estamos enseñando a dirigir este mundo porque tienen todas las bendiciones de Dios? La vasta mayoría de niños respondería a estas preguntas con un "No". No los educamos para gobernar, reinar y tomar dominio. En su lugar, les enseñamos a someterse a una sociedad que se adapta y gobierna dictando lo que pueden hacer. Como adultos, después, se vuelven disciplinados con ataduras, restricciones y limitaciones en vez de la ilimitada capacidad para reinar.

La mayoría de la psicología por la que vivimos no es bíblicamente buena. Roba las mismas raíces y elementos de nuestra dignidad divina en la creación. Se lleva la intención original de reinar y ejercer dominio en la tierra. Creo que nuestro entorno nos ha afectado tanto, que nos parece ilegal pensar más allá de las barreras de nuestras limitaciones. No estamos seguros de si Dios quiere que exploremos las realidades inexploradas; sin embargo, la verdad es que Dios dice que todo lo podemos cuando le representamos y obedecemos sobre la tierra.

Después de este breve estudio sobre la intención original de Dios para la humanidad, vemos que Él programó a *cada* hombre, mujer y niño para gobernar. ¡Esto le incluye a usted! Nunca olvide que su Padre celestial le ha programado así, como hizo con Adán y Eva. Dios le diseñó para reinar; ¿significa esto que Él le creó para tener este tipo de influencia? Oh, sí, lo hizo. Él le ha dado todo lo que necesita para dar fruto, multiplicarse, poblar, sojuzgar y señorear. El plan de Dios a través de Jesucristo es redimirle de sus limitaciones e invitarle a la vida de Él sin límite, para que pueda reinar en esta tierra. Antes de crearle, Dios visualizó su propósito dentro de su ser y le creó con las capacidades para lograr ese propósito.

Ahora, usted tiene que sintonizar y liberar esas habilidades para que operen. Es el momento de identificar qué es lo que estimula el sueño que Dios ya ha sembrado en su espíritu. ¿Qué le hará ponerse en marcha? Saber esto:

+ Usted es el producto del sueño de Dios antes de la creación.

+ Dios diseñó toda la creación para que le diera a usted una oportunidad de ejercer sus capacidades y lograr los sueños de Dios que hay en su interior.

Ahora, usted debe activar sus sueños, en lugar de permitir que sigan dormidos. No viva como los demás. Dios le diseñó para ser distinto a la persona promedio. ¿Cómo vivirá, entonces?

EL HOMBRE DEBE RECOGER COSECHAS PERPETUAS

Como leímos en Génesis 1:28, el diseño original de Dios para el hombre era fructificar, multiplicar, llenar, sojuzgar y señorear. Examinemos cada uno de estos aspectos que debemos cumplir.

FRUCTIFICAR

Fructificar implica disfrutar de cosechas perpetuas. Verá, mi definición de *fructífero* es el proceso de hacer que las semillas maduren, recoger la cosecha y producir más semillas de la cosecha para crear cosechas perpetuas. Productividad no significa solamente dar fruto. Sí, puede haber fruto, pero la verdadera productividad es cuando el fruto lleva semillas, lo cual crea más fruto, y después el fruto nuevo crea nuevas semillas, etc. Es una perpetuación, un continuo, no un fin en sí mismo.

MULTIPLICAR

Mi definición de *multiplicar* es aumentar algo duplicándolo. Dios nos diseñó para duplicar. Piense en una empresa. Muchas empresas no comienzan con ideas totalmente originales. Por ejemplo, la radical idea de Cristóbal Colón de que el mundo era redondo no era realmente nueva; ¡él dijo que su idea fue inspirada al leer la Palabra de Dios![2]

Todo es un patrón de otra cosa. Por eso las franquicias funcionan tan bien en los Estados Unidos. Coca-Cola, Pepsi y McDonald's están ahora en todo el mundo. ¿Por qué? Se multiplicaron. ¿Qué personas hacen mucho dinero? ¡Las que se multiplican!

LLENAR

Poblar o *llenar* significa dar constantemente recargas a cualquier cosa que se quede vacía. En vez de quejarnos por lo que está

2. Gary DeMar, *God and Goverment: A Biblical and Historical Study*, vol. 1 (Georgia: American Visión Press, 2001), 126. Para más información sobre esta historia y otras similares, consiga mi libro *It Only Takes One*.

vacío, Dios nos diseñó para dar llenura a nuestro mundo. No nos gustan las áreas de vacío en la sociedad, como los retos con grupos de gente. Bueno, Dios nos diseñó para arreglar esos problemas. Nosotros somos la respuesta para todo lo que se agota en la vida.

Dios le creó para llenar el vacío y para sanar a los quebrantados, para restaurar todas las cosas hasta su plena capacidad según su intención y propósito original. Dios le creó para marcar la diferencia.

¿Ha visto usted algún área agotada que le molesta? Por ejemplo, ¿le entristece el deterioro de un vecindario cercano? ¿Le preocupa la decadencia de la moralidad y los valores en nuestra nación? ¿Se le rompe el corazón cuando oye acerca de niños abusados o abandonados, o bebés abortados? ¿Le toca el corazón la soledad de un vecino anciano? ¿Siente compasión de una madre joven en la calle que se está muriendo de cáncer?

Debe entender por qué está usted aquí. Dios ha puesto a sus hijos, usted y yo incluidos, en esta tierra para llenar los vecindarios, para defender los valores de Dios, para salvar a los niños abusados y abandonados, y para impedir que siga habiendo abortos, para amar a los ancianos, para orar por los enfermos, y para suplir las necesidades de este mundo. Usted no está aquí para quejarse de los problemas. No; Dios le creó para llenar el vacío y para sanar a los quebrantados, para restaurar todas las cosas hasta su plena capacidad según su intención y propósito original. Dios le creó para marcar la diferencia. El mundo le necesita para llenar sus brechas y arreglar los muros caídos. He oído que dicen: "Encuentre una necesidad, y súplala". Sin duda, ese es el trabajo de la humanidad.

SOJUZGAR

¿Cómo puede usted *sojuzgar*? Sometiendo cada obstáculo caótico, ilícito, sin objetivo, a su propósito. Dios le dio el don de sojuzgar. Por lo tanto, puede vencer todo en su nombre.

Antes, en todas estas cosas somos más que vencedores por medio de aquel que nos amó. (Romanos 8:37)

Y mirándolos Jesús, les dijo: Para los hombres esto es imposible; mas para Dios todo es posible. (Mateo 19:26)

Recientemente, conocí al gerente de un grupo de ingeniería, que trabaja para un gran conglomerado de empresas petrolíferas. Sorprendentemente, este gerente no es ingeniero. De hecho, ni siquiera se graduó de la universidad. Sin embargo, ¡su salario anual es de 125.000 dólares! Le pregunté cómo podía dirigir a ingenieros sin saber lo que hacen.

Él respondió: "No quisiera malgastar mi tiempo. No tengo que entender lo que hacen. Solo tengo que conseguir que hagan lo que yo les digo, y asegurarme de que sepan cómo hacerlo".

"¿Quién da sus órdenes?", pregunté yo.

"¡Alguien que tampoco sabe lo que hacen!", respondió él.

Me di cuenta de que tenía razón. El supervisor del gerente tampoco tenía ni idea de cómo funcionaban esos sistemas. Su trasfondo educativo tampoco era la ingeniería. Simplemente tenía la responsabilidad de hacer que esas personas trabajaran bajo un propósito y asegurarse de que llevasen a cabo sus órdenes.

En este punto, quizá piense: ¿Por qué estoy leyendo todo esto? Pensaba que se trataba de aprender a tener una mentalidad de millonario. Bien, esta es la raíz de eso. Gran parte de la mentalidad de millonario es reconocer que Dios le diseñó para dar fruto, multiplicar, llenar, sojuzgar y dominar. Cuando usted entienda esto, estará listo para plantar sus semillas del sueño en tierra fértil.

DOMINAR

Por último, Dios le hizo para ejercer *dominio*, es decir, para gobernar absolutamente. Sin embargo, a veces usted quizá tenga ganas de apartarse de áreas de retos, porque siente que no está bien equipado para influir en las circunstancias. Permita que su fe juegue un papel importante aquí. A pesar de cómo se sienta, ponga su fe y confianza en Dios, sabiendo que Él le diseñó para influenciar *cada* entorno que encuentre. Recuerde: su Palabra declara eso, así que debe de ser cierto.

DIOS ES NUESTRA FUENTE DE RIQUEZA

Desde el comienzo, Dios quiso ser nuestra fuente de riqueza. Por favor, no me malentienda. No hay nada malo en trabajar y tener un sueldo, pero eso no debería constituir todos sus ingresos. A fin de cuentas, Dios *dice* que debemos proveer para nuestra familia:

> *Porque si alguno no provee para los suyos, y mayormente para los de su casa, ha negado la fe, y es peor que un incrédulo.*
>
> (1 Timoteo 5:8)

Sin embargo, como Dios, y no su trabajo, es su fuente, no limite sus ingresos a un trabajo. Dios tiene otras vías por las cuales desea prosperarle. A la vez, *todo* viene de Él.

Imagine que le dice a su supervisor en el trabajo un día: "Quiero leerle Deuteronomio 28:1–14. Espero que todas las bendiciones enumeradas aquí salgan de esta empresa". Antes de terminar de leer, sin embargo, su jefe descuenta su paga, porque piensa que está perdiendo su tiempo. ¿Por qué? Cuando mira con detalle las bendiciones de Deuteronomio 28, Dios no promete que su trabajo se las proveerá. No, esas bendiciones vienen de Él.

Sepa que ningún ser humano en esta tierra le pagará lo que usted vale. Entonces, ¿por qué lo espera de la gente? ¿Por qué no espera de Él lo que Dios dijo que usted vale? Su fuente no es la humanidad; su fuente es Dios, así que reciba del cielo lo que usted vale.

Toda la humanidad tiene esta autoridad. Sin embargo, los que estamos redimidos de la maldición de la Ley tenemos mejores promesas. No solo tenemos las promesas que Dios dio a la humanidad, sino también tenemos el pacto de Abraham. Además de eso, tenemos un pacto mucho más precioso en Jesucristo.

Quizá piense: *No sé cómo recibir lo que merezco del cielo.* Este es un conflicto básico en la iglesia. No sabemos cómo recibir las bendiciones de Dios; ni entendemos nuestra valía en Cristo. Recuerde: nuestro Padre celestial envió a su Hijo Jesús a morir por nosotros y ha prometido bendecirnos. A la vez, nuestra mente regresa a lo que nuestros engañados antepasados nos han enseñado. Decidimos creer en la sociedad en vez de en la Palabra de Dios. Usted es lo que Dios declaró que era, y nadie puede menospreciarle. Nadie puede robarle lo que Dios no puede reponer en abundancia.

Piense en esto. Jesús empleó a un ladrón para administrar su dinero; sin embargo, nunca se quejó de tener falta. ¡Qué prueba tan ácida! Tomar a un ladrón experimentado, darle todo el control de todo el dinero que gana, y que no le falte nada en ningún área. ¿Se atrevería usted a hacer eso? Muchos de nosotros probablemente no, porque seguimos viendo a la gente como nuestra fuente en vez de sintonizar con los recursos de Dios.

PLANTE LAS SEMILLAS DE SU SUEÑO

¿Qué puede hacer cuando alcanzar sus sueños parece estar fuera de toda habilidad humana? A lo largo de la Biblia, el pueblo de Dios tuvo sueños imposibles; sin embargo, casi puedo oír al Señor diciéndoles a ellos entonces y a usted hoy: "Yo les he creado y les he dado estas semillas de sueños. Ahora siémbrenlas, y vean lo que ocurre".

En la Biblia, Eliseo, el hijo de Safat, dejó de arar su campo y sembró su vida para convertirse en el siervo del profeta Elías. Después, cuando Dios se llevó a Elías al cielo, Eliseo literalmente recogió el manto de Elías y se convirtió en el profeta Eliseo. Él había sembrado su sueño de ser como Elías, y después hizo el doble de milagros que hizo Elías. (Lea la historia de Elías en 1 Reyes 19—2 Reyes 13).

El rey David tuvo un sueño consumidor en su espíritu: una visión para la morada de Dios:

Después dijo el rey David a toda la asamblea: Solamente a Salomón mi hijo ha elegido Dios; él es joven y tierno de edad, y la obra grande; porque la casa no es para hombre, sino para Jehová Dios. Yo con todas mis fuerzas he preparado para la casa de mi Dios, oro para las cosas de oro, plata para las cosas de plata, bronce para las de bronce, hierro para las de hierro, y madera para las de madera; y piedras de ónice, piedras preciosas, piedras negras, piedras de diversos colores, y toda clase de piedras preciosas, y piedras de mármol en abundancia. Además de esto, por cuanto tengo mi afecto en la casa de mi Dios, yo guardo en mi tesoro particular oro y plata que, además de todas las cosas que he preparado para la casa del santuario, he dado para la casa de mi Dios.

(1 Crónicas 29:1–3)

Cuando David conquistó todas las naciones enemigas, no solo deseaba más territorio. No, quería ejercer su fuerza para dominar, para poder construir una casa para Dios. Todos sus días, estuvo dispuesto a ser un hombre de derramamiento de sangre, conquistando y sometiendo. Algo dentro de David le hizo sembrar lo que soñó. El donativo de David para la construcción del templo de Salomón fue de mil millones de dólares de hoy día.

Los estadounidenses viven en una sociedad que les da el derecho a la propiedad. Esto no ocurre en muchos países del mundo. ¿Por qué Dios les dio a los americanos un entorno tan libre? ¡La razón es para que podamos tomar el mundo para Cristo!

En la actualidad, Arabia Saudí está canalizando decenas de millones de dólares para construir mezquitas por todo el mundo. ¿Por qué? Porque los saudíes tienen pasión. ¿Cómo obtuvieron el dinero para ir en pos de su pasión? Se apropiaron de los recursos petrolíferos de Dios y comenzaron a creer que tenían el derecho de controlarlos. Arabia Saudí después se unió a otras naciones productoras de crudo para formar un cartel llamado OPEP (Organización de Países Exportadores de Petróleo). Juntos dictan la economía del mundo subiendo y bajando los precios y reservas de petróleo según el dinero que quieran conseguir. Estaban simplemente actuando como seres humanos. Hoy día, siguen ejerciendo dominio, y el resto del mundo debe responder a sus decisiones.

Los que toman las decisiones en el mundo están meramente actuando como seres humanos. ¿De dónde consiguieron su autoridad? De Dios. Toda la humanidad tiene esta autoridad. Sin embargo, los que estamos redimidos de la maldición de la Ley tenemos mejores promesas. No solo tenemos las promesas que Dios dio a la humanidad, sino también tenemos el pacto de Abraham. Además de eso, tenemos un pacto mucho más precioso en Jesucristo.

De Jehová es la tierra y su plenitud; el mundo, y los que en él habitan. (Salmos 24:1)

Ahora, tenemos no solo la tierra, que es del Señor, y toda su plenitud, sino también tenemos la autoridad delegada para usarla según los propósitos de Dios.

ESPERE LO MEJOR DE DIOS AÚN EN CIRCUNSTANCIAS NEGATIVAS

Permita que cada situación negativa que afronte produzca una buena motivación para la riqueza. Después, saque el oro de cada crisis. Por ejemplo, veremos cómo los israelitas hicieron esto.

Durante cientos de años vivieron bajo esclavitud. Después, cuando Moisés oyó de parte de Dios, declaró que se llevarían la riqueza de Egipto cuando salieran del país, y lo hicieron.

E hicieron los hijos de Israel conforme al mandamiento de Moisés, pidiendo de los egipcios alhajas de plata, y de oro, y vestidos. Y Jehová dio gracia al pueblo delante de los egipcios, y les dieron cuanto pedían; así despojaron a los egipcios. (Éxodo 12:35–36)

Cada vez que Dios liberó a los israelitas de la esclavitud y la pobreza, recibieron enormes mejoras económicas. Por eso, en la Biblia, millones de judíos pudieron llevar riqueza durante generaciones sin trabajar en trabajos con un sueldo. No espere experimentar nada menos que eso. En mi vida, cada vez que he sido liberado de la limitación y el control, he recibido grandes recursos económicos. Es un patrón bíblico. La Biblia declara:

> *El hombre de bien deja herencia a sus nietos; las riquezas del pecador se quedan para los justos. En el campo del pobre hay abundante comida, pero ésta se pierde donde hay injusticia.*
>
> (Proverbios 13:22–23, nvi)

¿Cómo obtenemos la riqueza de los pecadores? ¿Se la robamos? Oh, no. Usted no tiene que robarla, porque Dios hará que ellos sencillamente se la entreguen. ¿Cuándo? Usted cosechará esta bendición cuando plante el sueño en su corazón, ¡y sintonice con los dones que Dios ya ha puesto dentro de usted!

¿Recuerda cuando Oral Roberts anunció que moriría a menos que Dios proveyera cierta cantidad de dinero (millones de dólares)? Muchas personas, especialmente en los Estados Unidos, se burlaron de él diciendo que culpaba a Dios de su falta de dinero. No, fue una persona contemporánea que públicamente declaró que Dios lo *haría* ocurrir. ¿Se acuerda del resultado? El dinero le llegó de un propietario de un perro, ¡que era un apostador incrédulo! En comunión con Dios, Oral Roberts había puesto su sueño delante del Señor, diciendo: "Dios, esto *tiene* que funcionar". Y ocurrió.

Una de las mayores facultades que usted posee es el poder de crear. Quizá las circunstancias hayan ahogado y aplastado esta capacidad dentro de usted. Quizá ahora está frustrada y limitada; quizá usted creció en un entorno que le dijo: "Esto es imposible. Nunca funcionará".

Sepa que su historia no define su futuro. Las únicas cosas que importan son sus sueños y las semillas que usted activa. Recuerde: no tiene que activar un roble totalmente maduro. Simplemente tiene que activar una semilla, porque todos los robles del mundo comienzan como diminutas semillas.

Quizá haya escuchado las historias de pioneros americanos sobre Johnny Appleseed, cuyo verdadero nombre era John Chapman (1774–1845). Supuestamente, durante cuarenta años Johnny cruzó la frontera, plantando manzanos en viveros salvajes y distribuyendo semillas de manzano a los colonos que se dirigían hacia el oeste. "Él solo quería una cosa: llevar semillas de manzanas del este a las tierras recientemente clareadas del oeste para que los pioneros pudieran tener el jugoso fruto para comer".[3] Cuando los colonos le pagaban dinero, él se lo "daba a los pobres, compraba libros religiosos o alimentaba a caballos destartalados. Con mucha frecuencia le pagaban en ropa deshecha o harina de maíz".[4] No obstante, él siguió su sueño. Después, antes de su muerte, Johnny Appleseed tuvo el honor de ver huertos de manzanos de miles de metros cuadrados, los cuales habían crecido con sus semillas. Uno podría decir que vivió no por cuántas semillas hay en una manzana sino por cuántas manzanas hay en una semilla.

No juzgue solo las semillas de sus sueños por su valor nominal. ¡Visualice su fruto multiplicado! La Declaración de Independencia estadounidense dice:

> Sostenemos como evidentes por sí mismas dichas verdades: que todos los hombres son creados iguales; que son dotados por su Creador de ciertos derechos inalienables; que entre estos están la vida, la libertad y la búsqueda de la felicidad.

Mediante el término "la búsqueda de la felicidad", los firmantes "se referían al derecho a poseer una propiedad y salvaguardarla. También significaba el derecho a luchar por el bien de toda la gente, no solo por la felicidad personal de uno".[5] Los estadounidenses viven en una sociedad que les da el derecho a la propiedad. Esto no ocurre en muchos países del mundo. ¿Por qué Dios les dio a los

---

3. *Compton's Interactive Encyclopedia Deluxe* (The Learning Company, Inc., 1998).
4. Ibid.
5. *The World Book Encyclopedia* (World Book Inc., 2000).

americanos un entorno tan libre? ¡La razón es para que podamos tomar el mundo para Cristo!

En la vida, usted puede pensar o bien en cuántas semillas hay en una manzana, o en cuántos manzanos puede producir una semilla. Comience a pensar en la multiplicación. Piense en llenar, sojuzgar y dominar. Es el tiempo de reinar en su entorno. Es su derecho. Nadie en esta tierra puede robárselo, porque ningún ser terrenal se lo dio.

¡Vea la magnitud de su Dios! ¡Quítele los límites! Ahora, haga esta oración al recibir la mentalidad de millonario de la visión profética:

Dios del cielo,

Reconozco que en tu Palabra existen recursos y habilidades ilimitadas. De hecho, tú me has creado sin límites en mi propia naturaleza, porque me hiciste a tu imagen.

Padre, creo tu Palabra, la cual dice que me creaste para dar fruto, multiplicar, llenar, sojuzgar y dominar. Me creaste y destinaste para reinar en este mundo y ejercer dominio. Entro en esa unción ahora mismo.

Este mundo no tiene voz en mi sueño. Mi sueño da voz a este mundo. Yo soy tu representante, un embajador de Cristo, y el templo del Espíritu del Señor. Según tu Palabra, tengo el derecho de vivir en gloria, honor y dignidad, lo cual te ensalza.

Jesús, me has elevado y liberado para emular tu vida. Espíritu del Señor, reina en mí. Muévete a través de mí. Aviva los sueños y visiones proféticas que hay en mi corazón, y al plantarlas, espero cosechar tus bendiciones y provisiones prometidas, porque escojo obedecerte y seguirte con todo mi corazón. En el nombre de Jesús, amén.

5

EMBARÁCESE DEL SUEÑO DE DIOS

Es tiempo de quedarse embarazado!

Al pasar tiempo en comunión con Dios, desarrolla su intimidad con Él mediante su Espíritu Santo. ¡Entonces Él le impregna con su sueño! Si no tiene una visión, o si no puede activarla, intime con Dios. Deje que Él le llene hasta rebosar con una dirección de promesa clara para su vida. En este capítulo examinaremos el tercer principio de la mentalidad de millonario: meditación embarazada. Esta clave puede cambiar su vida.

SEGÚN PIENSA EL HOMBRE, ASÍ ES ÉL

Acepte la responsabilidad de la visión, la cual el Espíritu de Dios ha puesto en su corazón, aunque usted no sepa aún cuál es. Reconozca que usted lleva el sueño de Dios en su interior, y búsquele para descubrirlo. Sepa que su situación no limita a Dios. Sus circunstancias no dictan el sueño de Dios para su vida. Por el contrario, el sueño de Dios dará propósito a su vida y literalmente le liberará de sus desafíos. Recuerde: Dios no determina su mañana por su situación de hoy.

Es importante que cambie sus pensamientos. A menos que piense correctamente, no quedará embarazado del sueño y la mente de Dios. Proverbios 23:7 nos dice: *"Porque cual es su pensamiento en su corazón, tal es él"*. Lo que un hombre piensa en lo más profundo de su ser dicta aquello en lo que se convierte. Este versículo es cierto tanto para los pensamientos buenos como los malos.

El mayor obstáculo para esta transferencia de la riqueza del mundo al cuerpo de Cristo es sus creencias erróneas. Los cristianos piensan que no son dignos de grandes bendiciones financieras, o que no creen que sea la voluntad de Dios para ellos prosperar. Debemos vencer estas mentiras del enemigo.

Por ejemplo, en un capítulo anterior compartí cómo comencé a dar gracias y alabar a Dios en mi trabajo miserable. Enseguida, mi trabajo se convirtió en un gozo. Innumerables hombres han dejado a sus esposas y familias tras obsesionarse con otras mujeres mediante la pornografía en Internet y la comunicación en línea vía chat y correo electrónico. Pensar en ser infieles les hizo ser infieles. Por lo tanto, ya sean sus pensamientos correctos o no, usted se convierte en lo que piensa.

Del mismo modo, muchas personas inhiben sus visiones proféticas enfocándose en su falta de dinero. No existe ninguna referencia bíblica en la que Dios dejara de moverse por falta de finanzas.

Como hemos discutido, Él le puso en esta tierra para llevar a cabo los objetivos de Dios. Él no le da una visión y se detiene ahí; Él también provee los medios para lograrla derramando riqueza sobre usted. A fin de cuentas, usted debe tener finanzas para conseguir su sueño. Por eso el Señor quiere desarrollar la mentalidad en usted de que puede recibir su riqueza. Él quiere quitar los límites de su sistema de creencias financiero, para que pueda cumplir los planes de Él en la tierra.

Este tema ha estado ardiendo dentro de mi espíritu desde noviembre de 1991, cuando el Señor me indicó que le declarase la guerra a la deuda. Él ha puesto muy fuerte en mi corazón que Él desea derramar bendiciones financieras sobre su pueblo. El mayor obstáculo para esta transferencia de la riqueza del mundo al cuerpo de Cristo es sus creencias erróneas. Los cristianos piensan que no son dignos de grandes bendiciones financieras, o que no creen que sea la voluntad de Dios para ellos prosperar. Debemos vencer estas mentiras del enemigo.

Verá, si cambia su forma de *pensar*, cambiará su manera de *existir*. Muchas personas abortan el sueño del Espíritu al aferrarse a la realidad del ámbito de lo natural. Muchos a menudo tienen miedo a los sueños, porque parecen demasiado grandes e imposibles comparados con sus circunstancias. Sin embargo, como leímos antes, la Biblia nos dice que no podemos servir a dos señores. O bien caminamos en el Espíritu y perseguimos nuestros sueños, o caminamos en el ámbito de lo natural y cosechamos las consecuencias de la pobreza.

> *Digo, pues: Andad en el Espíritu, y no satisfagáis los deseos de la carne. Porque el deseo de la carne es contra el Espíritu, y el del Espíritu es contra la carne; y éstos se oponen entre sí, para que no hagáis lo que quisiereis. Pero si sois guiados por el Espíritu, no estáis bajo la ley.* (Gálatas 5:16–18)

No puede estar dividido y esperar tener éxito.

> *Pero pida con fe, no dudando nada; porque el que duda es*
> *semejante a la onda del mar, que es arrastrada por el viento y*
> *echada de una parte a otra. No piense, pues, quien tal haga,*
> *que recibirá cosa alguna del Señor. El hombre de doble ánimo*
> *es inconstante en todos sus caminos.*　　(Santiago 1:6–8)

Su sueño deben consumirle. Entonces, Dios proveerá la riqueza para lograrlo.

EL ESPÍRITU SANTO INCUBA EN USTED

En los primeros dos versículos de la Biblia, leemos:

> *En el principio creó Dios los cielos y la tierra. Y la tierra*
> *estaba desordenada y vacía, y las tinieblas estaban sobre la faz*
> *del abismo, y el Espíritu de Dios se movía* [incubaba] *sobre la*
> *faz de las aguas.*　　(Génesis 1:1–2)

Como todo lo que Dios es y hace es perfecto, Dios no creó nada vacío, sin forma y carente. Por lo tanto, creo que algo debió de haber ocurrido entre Génesis 1:1 y 1:2 para hacer que *"la tierra [estuviera] desordenada y vacía"*. Es entonces cuando creo que ocurrió la caída de Lucifer, cuando Satanás se convirtió en el enemigo número uno de Dios. De lo contrario, ¿cómo podría la tierra estar desordenada y vacía? ¿Cómo podría estar la oscuridad sobre la faz del abismo, cuando la Biblia dice que no hay oscuridad en Dios?

> *Este es el mensaje que hemos oído de él, y os anunciamos: Dios*
> *es luz, y no hay ningunas tinieblas en él.*　　(1 Juan 1:5)

Por lo tanto, debe de haber sido entonces cuando Lucifer y la tercera parte de los ángeles cayeron, lo cual dio como resultado un entorno caótico.[6]

---

6. Para más información sobre este evento, por favor, lea Isaías 14, Ezequiel 28 y Apocalipsis 12. Mi libro *Conquistando a Tus Enemigos Invisibles* también explica la historia de la caída del ángel.

Después, en Génesis 1:2, según el sueño original de Dios, el Espíritu Santo entró en el caos y se movió sobre él. La palabra *"moverse"* me recuerda a lo que hace una mamá gallina cuando se sienta en sus huevos para incubarlos hasta que se rompe el cascarón y salen los pollitos. Ella visualiza una forma (huevos) convirtiéndose en otra (pollitos), y está dispuesta a hacer lo que sea necesario para que ocurra. De igual forma, el Espíritu Santo viene a nosotros con la intención original y el sueño de Dios para nuestra vida. Después, dice: "Estoy dispuesto a incubarte hasta que te conviertas en la persona que pretendo que seas y que hagas las cosas que pretendo que hagas".

Deje de pensar en su vida como es ahora y piense en lo que Dios siempre ha pensado, se ha propuesto y ha soñado para usted. ¿Qué hay en el corazón de Dios acerca de usted? ¿Qué hay en la mente de Dios? ¿Qué ha estado pensando y soñando sobre usted?

El apóstol Pablo escribió:

[Dios] *quien nos salvó y llamó con llamamiento santo, no conforme a nuestras obras, sino según el propósito suyo y la gracia que nos fue dada en Cristo Jesús antes de los tiempos de los siglos.* (2 Timoteo 1:9)

El plan de Dios para su vida no fue creado cuando usted nació. Su voluntad para usted no tiene absolutamente nada que ver con su nacimiento natural. Antes de que comenzara el mundo, Dios le llamó para un propósito en Cristo Jesús. Él soñó con usted, le dio un propósito, y le tuvo en su Hijo ¡antes de que creara los cielos y la tierra!

Creo que las mujeres más hermosas de la faz de la tierra son las que están físicamente embarazadas. Brillan. Llevar vida dentro de ellas provoca algo en sus espíritus. La chispa de la incubación y el crecimiento de la nueva vida surge a través de todos los tejidos de su ser.

Sea usted hombre o mujer, tiene que quedarse embarazado espiritualmente. Llevar la vida vigorizante del sueño de Dios dentro de su espíritu dará vigor a todo su ser. Es fácil reconocer a la gente que está cumpliendo su sueño. No importa por lo que estén pasando, nada es demasiado grande para ellos. Por el contrario, para los que viven solo en el presente, en las frustraciones del hoy, casi todos los problemas pequeños parecen insuperables.

Demasiadas personas en nuestra sociedad se enfocan en los retos simples de cada día. No es así como Dios quiere que vivamos. Él quiere que vivamos el sueño que Él tenía en mente para nosotros incluso antes de que existiéramos. El salmista declaró:

Tú creaste mis entrañas; me formaste en el vientre de mi madre. ¡Te alabo porque soy una creación admirable! ¡Tus obras son maravillosas, y esto lo sé muy bien! Mis huesos no te fueron desconocidos cuando en lo más recóndito era yo formado, cuando en lo más profundo de la tierra era yo entretejido. Tus ojos vieron mi cuerpo en gestación: todo estaba ya escrito en tu libro; todos mis días se estaban diseñando.

(Salmos 139:13–16, NVI)

¡Su Padre celestial tiene un plan para usted! Cuando usted incuba ese sueño, todas las cosas obrarán para bien, y su espíritu volará alto con esperanza en Dios. Él promete a sus hijos:

Y sabemos que a los que aman a Dios, todas las cosas les ayudan a bien, esto es, a los que conforme a su propósito son llamados. (Romanos 8:28)

Vuelvan a su fortaleza, cautivos de la esperanza, pues hoy mismo les hago saber que les devolveré el doble.

(Zacarías 9:12, NVI)

Incluso ahora usted debe renovar su esperanza de que Dios le restaurará y soplará nueva vida en su ser.

Compare esto con una persona que tiene un cerebro de "cacahuate". Es alguien que piensa en pequeño, solo en lo que puede ver. Si le preguntara: "¿Qué va a hacer hoy?", él respondería. "Oh, me levantaré, me vestiré, desayunaré, me cepillaré los dientes, e iré a trabajar".

"Y después, ¿qué hará?", preguntará usted.

"Aprovechar el tiempo", dirá, "hacer un descanso, aprovechar el tiempo, comer, aprovechar el tiempo, hacer un descanso, aprovechar el tiempo y regresar a casa".

"¿Y después qué?".

"Gritar a los niños, cenar, leer el periódico, ver la televisión y acostarme. Después me despertaré al día siguiente y volveré a comenzar".

Esta existencia trivial, limitada, ¡*no* es la vida que Dios soñó y propuso para nosotros antes de la creación! No, tenemos que lanzarnos, sobrepasar el extremo, y permitir que Dios comience a revelarnos su sueño mayor para nosotros.

Mediante la impregnación del sueño de Dios, no me refiero a lo que el mundo tiene que ofrecer: un trabajo mejor, casas, automóviles y posesiones mundanas. No me refiero a hacer dinero, tenerlo, o gastarlo. No estoy escribiendo sobre lo que el *hombre* puede hacer. Todo esto se trata de descubrir lo que hay en la mente de Dios y lo que Él puede hacer en su vida. A fin de cuentas, nada más importa. Este es el fundamento de una mentalidad de millonario.

SUEÑOS GRANDES EN CIRCUNSTANCIAS IMPOSIBLES

A lo largo de la Biblia, el pueblo de Dios llevó a cabo los planes de Él para sus vidas a pesar de las circunstancias. Examinemos el sueño de José. A los diecisiete años, el hijo favorito de Jacob, José, soñó con que las gavillas de sus hermanos se postraban ante la suya. (Véase Génesis 37:3). Cuando él compartió su sueño con sus hermanos, le odiaron por ello. Conspirando deshacerse de él y de sus sueños, arrojaron a José en una cisterna, después le vendieron como esclavo. Terminó como prisionero egipcio. Finalmente, sin embargo, José llegó a ser extremadamente próspero y poderoso, segundo solo después de Faraón. Se convirtió en gobernador de Egipto y vivió en el palacio.

> *Y dijo Faraón a sus siervos: ¿Acaso hallaremos a otro hombre como éste, en quien esté el espíritu de Dios? Y dijo Faraón a José: Pues que Dios te ha hecho saber todo esto, no hay entendido ni sabio como tú. Tú estarás sobre mi casa, y por tu palabra se gobernará todo mi pueblo; solamente en el trono seré yo mayor que tú. Dijo además Faraón a José: He aquí yo te he puesto sobre toda la tierra de Egipto. Entonces Faraón quitó su anillo de su mano, y lo puso en la mano de José, y lo hizo vestir de ropas de lino finísimo, y puso un collar de oro en su cuello; y lo hizo subir en su segundo carro, y pregonaron delante de él: ¡Doblad la rodilla!; y lo puso sobre toda la tierra de Egipto. Y dijo Faraón a José: Yo soy Faraón; y sin ti ninguno alzará su mano ni su pie en toda la tierra de Egipto.*
>
> (Génesis 41:38–44)

Años después en medio de una hambruna, la posición de José le permitió proveer para su padre y sus hermanos. De esta manera los salvó de morir de hambre.

¡Qué camino tan largo recorrió José desde la cisterna! ¿Alguna vez se ha parado a pensar en cómo las circunstancias aparentemente imposibles de José fueron en verdad parte del cumplimiento del sueño de Dios? Esto nos enseña a no desanimarnos cuando nos enfrentemos a desafíos. En su lugar, debemos enfocarnos en el plan de Dios para nuestra vida.

Más aún, Moisés aceptó la visión de Dios para su vida: liberar a los israelitas de la esclavitud. Pero entonces intentó lograrlo con su propia fuerza mediante la suposición. A veces hoy día nosotros actuamos de forma similar obrando sobre la base de nuestras propias suposiciones.

Y fue enseñado Moisés en toda la sabiduría de los egipcios; y era poderoso en sus palabras y obras. Cuando hubo cumplido la edad de cuarenta años, le vino al corazón el visitar a sus hermanos, los hijos de Israel. Y al ver a uno que era maltratado, lo defendió, e hiriendo al egipcio, vengó al oprimido. Pero él pensaba que sus hermanos comprendían que Dios les daría libertad por mano suya; mas ellos no lo habían entendido así. (Hechos 7:22–25)

Moisés pensó que el resto de los israelitas había oído de Dios también, pero no había sido así. Verá, un sueño y visión de Dios le da a la persona una línea privada con Dios.

Y al día siguiente, se presentó a unos de ellos que reñían, y los ponía en paz, diciendo: Varones, hermanos sois, ¿por qué os maltratáis el uno al otro? Entonces el que maltrataba a su prójimo le rechazó, diciendo: ¿Quién te ha puesto por gobernante y juez sobre nosotros? (versículos 26–27)

Las circunstancias imposibles y las atmósferas caóticas rodean los sueños de Dios. Al cumplir los sueños de Dios, la mayoría de la gente se desvía con atolladeros de distracciones.

Ahora, Moisés tenía la respuesta a esta pregunta, porque sin duda iba a ser el gobernante y juez sobre Israel. Sin embargo, no podía expresar eso, porque no le oirían.

Jesús dijo: *"Pero bienaventurados vuestros ojos, porque ven; y vuestros oídos, porque oyen"* (Mateo 13:16). Muchas personas ven pero no entienden. Oyen pero no saben la diferencia.

Como los israelitas no entendieron la visión de Moisés, su sueño se marchitó. Temporalmente perdieron las bendiciones que sus sueños cumplidos les habrían dado. Como resultado, dos generaciones completas de israelitas murieron. La primera generación murió cuando Moisés actuó en base a la suposición y el pueblo no entendió que él era su libertador. La segunda generación murió vagando en el desierto. Fueron necesarios ochenta años para que una nueva generación entrara en la Tierra Prometida.

Las circunstancias imposibles y las atmósferas caóticas rodean los sueños de Dios. Al cumplir los sueños de Dios, la mayoría de la gente se desvía con atolladeros de distracciones. Por ejemplo, digamos que usted está orando en comunión con Dios y comienza a percibir la visión de Dios. Después, se presenta un reto. En vez de capturar y correr con el sueño que ha recibido, usted presta su atención, enfoque, vida de oración y todos sus esfuerzos a esa distracción. De repente, la pregunta de si su sueño se manifestará o no depende de que usted venza ese reto.

Probablemente usted conoce a gente que está continuamente en conflicto. Van de una tragedia a otra, de preocupación en preocupación, de ansiedad en ansiedad, y de frustración en frustración. No ven el cuadro más amplio, y no van de gloria en gloria como Dios quiere.

Por tanto, nosotros todos, mirando a cara descubierta como en un espejo la gloria del Señor, somos transformados de gloria en gloria en la misma imagen, como por el Espíritu del Señor. (2 Corintios 3:18)

Si usted corre con el sueño de Dios, sus retos se solucionarán. ¿Por qué? ¿Recuerda Romanos 8:28, el cual leímos antes? *"Y sabemos que a los que aman a Dios, todas las cosas les ayudan a bien, esto es, a los que conforme a su propósito son llamados"* (Romanos 8:28).

Cuando usted está siguiendo en el propósito de Él, Dios arregla sus circunstancias. No tiene que atenderlas usted. Su mente ya no estará ocupada con retos.

En su lugar, el sueño de Dios será la motivación que le consuma por completo. Su visión será el propósito principal y predominante en su vida. Respirará, vivirá, actuará y será en ella.

Para que busquen a Dios, si en alguna manera, palpando, puedan hallarle, aunque ciertamente no está lejos de cada uno de nosotros. Porque en él vivimos, y nos movemos, y somos; como algunos de vuestros propios poetas también han dicho: Porque linaje suyo somos. (Hechos 17:27–28)

Su liberación no vendrá de las circunstancias actuando a favor de usted en la tierra. No, su liberación vendrá soñando sin límite. Sus sueños son mayores que la tierra, y dentro de ellos reside la libertad.

Su visión es mayor que su vida y que lo que puede hacer usted solo. Si no enfoca todo su ser en Dios y en su sueño, verá que confiará en el brazo de la carne como hizo Moisés al principio. Después, su propio temor se convertirá en un factor limitador.

Después de que el Espíritu Santo se movió sobre la faz de las aguas (véase Génesis 1:2), ¿qué ocurrió? *"Y dijo Dios: Sea la luz; y fue la luz"* (Génesis 1:3). Del caos, Dios incubó su sueño y lo declaró. Su Palabra y poder lo unen y sustentan todo. No importa lo caótica que pueda ser su situación, tenga la certeza de que Dios tiene un sueño para usted. Sus retos, ya sean falta de armonía en el matrimonio, destrucción financiera, enfermedad física o conflictos sociales, no importan. A pesar de sus circunstancias, el sueño de Dios para usted es lo suficientemente grande para librarle. Usted no debe mirar ni detenerse en los factores que le atan. En cambio, mire al Dios que le llamó con un propósito incluso antes de que naciera.

Piense de nuevo en Abraham. Dios le dijo a Abraham que, debido a su fe, Él bendeciría a todas las familias de la tierra:

> *En efecto, no fue mediante la ley como Abraham y su descendencia recibieron la promesa de que él sería heredero del mundo, sino mediante la fe, la cual se le tomó en cuenta como justicia.* (Romanos 4:13, NVI)

Abraham se convirtió en el heredero del mundo. Recuerde: como usted ahora participa de las bendiciones de Abraham, usted también es un heredero del mundo. Dios le ha destinado para gobernar, influenciar, controlar y tener dominio absoluto. ¡Usted debe empezar a pensar así!

EL SUEÑO DE DIOS PARA USTED

Quizá esté pensando: *Estoy leyendo* Mentalidad de Millonario. *Sería bendecido si tuviera un millón de dólares.* Esa no es una mentalidad de delegación, sino de acumulación. No viva con una mentalidad enfocada en lo que puede acumular para satisfacer su carne. Podría perderlo todo en una tarde. Dios no es un dios de acumulación. Él nos ordena que deleguemos, gobernemos, controlemos y tomemos dominio. Medite en el propósito de Dios para usted desde antes de la fundación del mundo. Aumente la capacidad y las posibilidades de su sueño en Él.

José fue más allá de las limitaciones de su esclavitud para entrar en la liberación de su sueño, el cual Dios le había dado. Su liberación no vendrá de las circunstancias actuando a favor de usted en la tierra. No, su liberación vendrá soñando sin límite. Sus sueños son mayores que la tierra, y dentro de ellos reside la libertad. La motivación no se produce cuando algo le va bien; ¡se produce cuando usted empieza a ver (o imaginar) todo apartándose de su camino! Es entonces cuando algo mayor que usted comenzará a avivarse dentro de su espíritu. Así pues, viva por encima de sus circunstancias. Tome lo que Dios hace nacer en usted, la semilla del sueño de su revelación, y deje que sea incubado. Incube y medite en ello hasta que le conforme a la persona que Cristo quiere que sea.

Todo lo que Dios propuso para su vida existía antes de la fundación de la tierra, y El nos da sueños libremente, los cuales el Espíritu Santo revela.

Recuerde: debe sembrar sus sueños aún en entornos contrarios. No espere a que las circunstancias naturales funcionen. Si lo hace, eso puede desilusionarle y frustrarle. La Biblia declara:

La esperanza que se demora es tormento del corazón; pero árbol de vida es el deseo cumplido. (Proverbios 13:12)

Cuando espera y pone su esperanza en los resultados terrenales, naturales, del plano horizontal, se predispone a la decepción y el desánimo. Por el contrario, si vive en el plano vertical del sueño de Dios, sus circunstancias funcionarán perfectamente, según el plan de Dios.

Quizá se pregunte: ¿Cómo puedo vivir así? Siga viviendo en el futuro de sus sueños. *Pero ¿qué ocurre con el hoy?* El hoy es solo el producto del ayer. El mañana es donde usted tiene que vivir. Sí, usted tiene fe para hoy, pero su visión es para mañana. Puede que esta sea una mentalidad muy distinta para usted, pero el sueño de Dios es mayor que lo que puede ver con sus ojos naturales. Debe vivir más allá de lo aparente, más allá de las frustraciones. Mire, puede vivir en el presente y ser miserable; por el contrario, puede vivir en el sueño de Dios y hacer que su presente sirva al propósito futuro de Él. Tome lo que tiene en su mano hoy, y haga que le sirva a su futuro. La Biblia ordena: *"Forjad espadas de vuestros azadones, lanzas de vuestras hoces; diga el débil: Fuerte soy"* (Joel 3:10).

Haga de su entorno normal un siervo que cumpla el propósito de Dios. Permita que el sueño dentro de usted cambie su entorno. Deje que su espíritu se levante por encima de lo ordinario y vuele alto en Dios. Lleve lo cotidiano al extremo. Nunca olvide que tiene que vivir, pensar, respirar, moverse y existir en el sueño de Dios. ¡Incube los sueños de Dios!

El apóstol Pablo escribió:

Mas hablamos sabiduría de Dios en misterio, la sabiduría oculta, la cual Dios predestinó antes de los siglos para nuestra gloria, la que ninguno de los príncipes de este siglo conoció; porque si la hubieran conocido, nunca habrían crucificado al Señor de gloria. Antes bien, como está escrito: Cosas que ojo no vio, ni oído oyó, Ni han subido en corazón de hombre, Son las que Dios ha preparado para los que le aman. Pero Dios nos las reveló a nosotros por el Espíritu; porque el Espíritu todo lo escudriña, aun lo profundo de Dios. Porque ¿quién de los hombres sabe las cosas del hombre, sino el espíritu del hombre que está en él? Así tampoco nadie conoció las cosas de Dios, sino el Espíritu de Dios. Y nosotros no hemos recibido el espíritu del mundo, sino el Espíritu que proviene de Dios, para que sepamos lo que Dios nos ha concedido.

(1 Corintios 2:7–12)

Pablo no predicó según sus experiencias. No, habló de la revelación de Dios desde antes de la fundación de la tierra. Capturó y comunicó la sabiduría de Dios desde los siglos antes de la creación. Pablo dijo que si los principados y fortalezas demoniacas, que gobiernan este mundo, lo hubieran sabido, no habrían crucificado a Jesús. Tampoco el hombre, mediante sus facultades de la razón, vista y oído, posee la capacidad de saber lo que Dios ha preparado para los que le aman. Solo el Espíritu Santo conoce las cosas de Dios.

> *Porque por gracia sois salvos por medio de la fe; y esto no de vosotros, pues es don de Dios; no por obras, para que nadie se gloríe. Porque somos hechura suya, creados en Cristo Jesús para buenas obras, las cuales Dios preparó de antemano para que anduviésemos en ellas.* (Efesios 2:8–10)

Los que hacen alarde dicen: "Yo he logrado y alcanzado". Sin embargo, los que caminan en gracia dicen: "He recibido el regalo gratuito de Dios". Tenemos que tomar las semillas del sueño que Dios nos ha dado y revelado gratuitamente, y sembrarlas para producir fruto. Dentro de nosotros, esas semillas comienzan a formarse, crecer, y revelar lo que vendrá. Tenemos que ser personas que incuban y afirman las cosas hasta que se manifiesten los sueños de Dios.

Nunca olvide: Todo lo que Dios propuso para su vida existía antes de la fundación de la tierra, y El nos da sueños libremente, los cuales el Espíritu Santo revela. Nada es más valioso que los dones de Dios. Usted no puede conseguir dinero suficiente para pagarle justamente por lo que Él da gratuitamente. No importa cuánto esfuerzo, trabajo y fuerza ejerza. Dios dice: "Mi propósito para tu vida es independiente de tus obras. Mi regalo gratuito es más de lo que tú solo podrías ganar en toda tu vida".

Ahora, calme su espíritu al responder a estas importantes preguntas: ¿Qué sueño le ha dado Dios? ¿Qué revelación, desde antes de la creación de la tierra, ha descubierto? Cuando se sienta en el trono de Dios, cuando tiene comunión e intimidad con Él sin vergüenza, culpa o inferioridad, ¿qué ve? ¿Qué sueño revela Dios ante sus ojos? ¿Qué ha puesto Él en la eternidad para usted? Quizá está pensando: *Yo no tengo ningún sueño; no sabía que existía uno para mí.* ¡Pero ciertamente sí existe para usted! Dios siempre ha tenido su sueño en su mente. ¡Es tiempo de que *usted* lo incluya en la de usted!

ESCRIBA LA VISIÓN Y TÉNGALA DELANTE DE SUS OJOS

Cuando llega una visión, espere cambios en su vida. Habacuc declaró:

> *Sobre mi guarda estaré, y sobre la fortaleza afirmaré el pie, y velaré para ver lo que se me dirá, y qué he de responder tocante a mi queja. Y Jehová me respondió, y dijo: Escribe la visión, y declárala en tablas, para que corra el que leyere en ella. Aunque la visión tardará aún por un tiempo, mas se apresura hacia el fin, y no mentirá; aunque tardare, espéralo, porque sin duda vendrá, no tardará.* (Habacuc 2:1–3)

Cuando la visión de Dios llegue a usted, corregirá su pensamiento. Asegúrese de escribir la visión y mantenerla delante de sus ojos, y si es necesario, los ojos de otros. Nunca olvide su importancia en su vida. No deje que las cosas de este mundo, como campañas publicitarias, estrategias de venta y promociones humanistas, le distraigan o hagan que pierda el enfoque. Jesús advirtió:

> *Pero los afanes de este siglo, y el engaño de las riquezas, y las codicias de otras cosas, entran y ahogan la palabra, y se hace infructuosa. Y éstos son los que fueron sembrados en buena tierra: los que oyen la palabra y la reciben, y dan fruto a treinta, a sesenta, y a ciento por uno.* (Marcos 4:19–20)

Si no mantiene su enfoque en su visión, su enemigo le seducirá mediante cosas y personas, diciendo: "Sígueme". De esta forma, le tentará para desviarle de su curso. Si se somete, entonces no conocerá el gozo de la realización. Dios no le diseñó para encontrar realización en las cosas mundanas. Ese nunca ha sido, y nunca será, el plan de Dios para usted.

Cuando encuentre el sueño de Dios para su vida, deje que le corrija y reprenda. Permítale que le aporte honestidad. Permítale tratar las áreas de su vida que son para usted importantes y valiosas. Deje que rompa su hombre exterior y su hombre interior.

Cuando un hombre verdaderamente tiene un sueño, al final, el sueño tiene al hombre. Se convierte en su único enfoque, como si nada más existiera. Muchas personas están aún en el primer estado de vivir el sueño, diciendo: "Tendré un sueño. Lo oiré". Esto no es suficiente. Debe conocer el sueño, atraparlo, y permitir que cambie su forma de pensar. Reorganice todo su ser, para que pueda enfocarse en el cuadro eterno de Dios. Cuando su sueño le impregne, dejará de tenerlo: ahora el sueño le tiene a usted. Si deja que la visión le tenga, entonces usted deja de ser usted; ahora, usted y el sueño son uno. Nadie puede desconectar a una persona de un sueño que Dios le ha dado.

Aunque los hermanos de José lo intentaron, no pudieron separarle de su sueño. Verá, ellos no intentaban deshacerse de José, sino que estaban intentando deshacerse de su sueño. Y como su sueño estaba dentro de él, arrojaron físicamente a José en la cisterna.

Le respondieron sus hermanos: ¿Reinarás tú sobre nosotros, o señorearás sobre nosotros? Y le aborrecieron aun más a causa de sus sueños y sus palabras… Cuando ellos lo vieron de lejos, antes que llegara cerca de ellos, conspiraron contra él para matarle. Y dijeron el uno al otro: He aquí viene el soñador. Ahora pues, venid, y matémosle y echémosle en una cisterna, y diremos: Alguna mala bestia lo devoró; y veremos qué será de sus sueños. (Génesis 37:8, 18–20)

ORE EN EL ESPÍRITU PARA RECIBIR LA RESPUESTA DE DIOS

Otra forma de recibir la revelación del sueño de Dios para su vida es mediante la comunión con Dios en el Espíritu. Jesús dijo: *"Dios es Espíritu; y los que le adoran, en espíritu y en verdad es necesario que adoren"* (Juan 4:24). ¿Cómo se consigue la visión de Dios? ¿Cómo viene a su espíritu? Orando en el Espíritu Santo. Me encanta el lenguaje del Espíritu de Dios. Aunque no lo entiendo, cambia todo mi ser.

Porque el que habla en lenguas no habla a los hombres, sino a Dios; pues nadie le entiende, aunque por el Espíritu habla misterios [secretos divinos de Dios].   (1 Corintios 14:2)

Cuando oro en mi idioma materno, es de la arena de mi propio entendimiento; sin embargo, cuando oro en el Espíritu de Dios estoy orando en la arena de lo desconocido. Está más allá del umbral de cualquier cosa que pudiera imaginar. Nuestras oraciones en el Espíritu no son oraciones de posibilidades sino absolutas realidades. ¿Cómo puede ser? Es porque estoy orando conforme a la mente y el propósito de Dios. Al orar en el Espíritu, Dios me revela mis sueños en forma de una imagen o percepción.

Por lo cual, el que habla en lengua extraña, pida en oración poder interpretarla. Porque si yo oro en lengua desconocida, mi espíritu ora, pero mi entendimiento queda sin fruto. ¿Qué, pues? Oraré con el espíritu, pero oraré también con el entendimiento; cantaré con el espíritu, pero cantaré también con el entendimiento.   (1 Corintios 14:13–15)

Dios nos ha diseñado para hablar en el lenguaje de su Espíritu y para embarazarnos de sus sueños. La mentalidad de millonario no tiene nada que ver con tener más dinero en su cartera o en su cuenta bancaria. Tiene que ver con su mentalidad, con tener la capacidad de oír y recibir la mente de Cristo. Escúchele y permítale enseñarle. Antes, leímos parte del siguiente pasaje bíblico:

> *Acercaos a mí, oíd esto: desde el principio no hablé en secreto; desde que eso se hizo, allí estaba yo; y ahora me envió Jehová el Señor, y su Espíritu. Así ha dicho Jehová, Redentor tuyo, el Santo de Israel: Yo soy Jehová Dios tuyo, que te enseña provechosamente, que te encamina por el camino que debes seguir.*
>
> (Isaías 48:16–17)

Estos versículos revelan que la prosperidad, el aumento y el éxito en la vida vienen de una combinación de enseñanza y aprendizaje. No es un evento. Por ejemplo, cuando se trata de carreras, sabemos que para optar a cierto trabajo debemos aprender bases específicas sobre la empresa y/o las tecnologías. Al recibir la enseñanza de otros con más experiencia en esos campos, podemos entonces practicar nuestro nuevo conocimiento y habilidades. Finalmente, llegamos a ser competentes en esas habilidades. Así, al aceptar la enseñanza, progresamos a niveles más profundos de experiencia.

Si está usted experimentando frustración y una interminable miseria en su rutina diaria, ¡ha llegado la hora de modificar eso! Sin un cambio radical, continuará operando del mismo modo, y recogerá cosechas similares una y otra vez.

Ese es el deseo de Dios para nosotros en cada área de la vida. Él quiere enseñarnos cómo experimentar niveles más profundos de sus bendiciones. Dios le enseñará a obtener beneficios y le guiará a cumplir el plan de Él para su vida. Primero, no obstante, debe estar dispuesto a aceptar su enseñanza y después a seguirla. Cuando lo haga, Dios liberará riqueza que se apresurará a cumplir su propósito profético. Manténgase alerta en oración para reconocer la guía del Espíritu Santo. Después siga su voz.

LA PRUEBA FINAL

En todo lo que haga usted, asegúrese de no permitir que su vida impulsada por el sueño viole los principios válidos de la Palabra de Dios. Deje que la Palabra de Dios sea la guía en todo lo que haga. Por ejemplo, siga la Palabra de Dios respecto a la preocupación. No puede recibir la sabiduría de Dios mientras las preocupaciones de cada día ocupen su mente. En su lugar, debe dejar que la paz de Dios sea la que reine.

> *Por nada estéis afanosos, sino sean conocidas vuestras peticiones delante de Dios en toda oración y ruego, con acción de gracias. Y la paz de Dios, que sobrepasa todo entendimiento, guardará vuestros corazones y vuestros pensamientos en Cristo Jesús.* (Filipenses 4:6–7)

No debe permitir nunca que un pensamiento de afán se quede en su mente. Jesús dijo:

> *Por eso les digo: No se preocupen por su vida, qué comerán o beberán; ni por su cuerpo, cómo se vestirán. ¿No tiene la vida más valor que la comida, y el cuerpo más que la ropa? Fíjense en las aves del cielo: no siembran ni cosechan ni almacenan en graneros; sin embargo, el Padre celestial las alimenta. ¿No valen ustedes mucho más que ellas?* (Mateo 6:25–26, NVI)

Ancle su fe en la verdad simple y práctica de la Biblia. Mantenga la Palabra de Dios en su corazón todo el tiempo.

Nunca se apartará de tu boca este libro de la ley, sino que de día y de noche meditarás en él, para que guardes y hagas conforme a todo lo que en él está escrito; porque entonces harás prosperar tu camino, y todo te saldrá bien.   (Josué 1:8)

EL ÉXITO SE ENCUENTRA EN SU RUTINA DIARIA

Muchos dicen que sus sueños son un castillo en el aire, creyendo que nunca sucederán. ¿Ha oído alguna vez a alguien decir que seguirá sus sueños cuando su barco llegue a casa, queriendo decir cuando se haga rico? Este tipo de pensamiento es muy peligroso. Cada día a su alrededor, hay cosechas para que usted recoja. Diariamente, por lo tanto, debería estar avanzando hacia su campo para cosechar. Verá, su rutina y pensamientos diarios harán que fracase o que tenga éxito. La mentalidad de dejar su vida al destino o a lo que llegue le preparará para el fracaso. Esta es una manera segura de evitar cumplir su sueño. Debe tener una actitud y estilo de vida de tomar las riendas.

Diariamente, debe establecer la rutina de preparar su mente para corregir juicios y acciones. El siguiente pasaje ha sido una gran vara de medir en mi vida:

El que guarda el mandamiento no experimentará mal; y el corazón del sabio discierne el tiempo y el juicio. Porque para todo lo que quisieres hay tiempo y juicio; porque el mal del hombre es grande sobre él.   (Eclesiastés 8:5–6)

Si está usted experimentando frustración y una interminable miseria en su rutina diaria, ¡ha llegado la hora de modificar eso! Sin un cambio radical, continuará operando del mismo modo, y recogerá cosechas similares una y otra vez.

Ahora es el momento de renovar su mente. Recuerde: Dios está llevando a cabo su propósito según su tiempo y sus decisiones. Diariamente ponga su mente en acción. Toda la creación está esperando a que usted renueve su mente para que pueda tomar las riendas de ella.

La creación aguarda con ansiedad la revelación de los hijos de Dios.
                              (Romanos 8:19, NVI)

Romanos 12:2 dice: "*No os conforméis a este siglo, sino transformaos por medio de la renovación de vuestro entendimiento, para que comprobéis cuál sea la buena voluntad de Dios, agradable y perfecta*". Usted puede experimentar una renovación personal de su mente. Al mantener la Palabra de Dios delante de sus pensamientos y lenguaje, usted cambia. Es como raspar la pintura vieja de una silla de madera antigua: va quitando capa a capa hasta que emerge la madera original. Entonces, en su condición restaurada, el verdadero valor de la antigüedad es muy claro. Para demostrar y ver la Palabra de Dios manifestarse plenamente en su vida, ¡debe renovar su mente! Experimentará la maravillosa Palabra de Dios en acción cuando persiga diariamente una mente renovada. ¡La verdad soportará todas las pruebas!

Una vez que esté viviendo totalmente el sueño de Dios, quizá necesite cambiar de su mentalidad de millonario ¡a una mentalidad de billonario! Por favor, haga esta oración como cierre de nuestra discusión sobre la meditación embarazada:

Dios Padre,

Tu Palabra aclara que mi pensamiento es vital. Por favor, ayúdame a renovar mi mente, a conformarla no al mundo, sino a la verdad de tu Palabra. Ayúdame a confiar en ti y a no preocuparme o distraerme con los afanes de este mundo.

Señor, restáurame y sopla nueva vida en mí. Imprégname con tu visión para mi vida a medida que desarrollo mi intimidad contigo. Ayúdame a obedecer tu Palabra orando tanto en el Espíritu Santo como con mi propio entendimiento. Que mis oraciones sean fructíferas para lograr lo que tú deseas.

Fortaléceme para que no tenga la mente dividida. Ayúdame a enfocar todo lo que tengo y todo lo que soy en ti y en tu visión profética. Padre, que viva, me mueva y sea en ti. Haz que llegue a ser una incubadora de las semillas de tus sueños. Cuando lleguen los retos, que no me desanime. Ayúdame a recordar que cuando sigo tu propósito, tú orquestarás mis circunstancias. Vigorízame con una esperanza renovada, para que tus sueños para mí se cumplan. En el nombre de Jesús, amén.

6

PROCLAME LAS PALABRAS DE DIOS PARA LIBERAR RIQUEZAS

Comenzamos nuestro estudio sobre los principios de la mentalidad de millonario con el *propósito* de la riqueza. ¿Cuál es el propósito de la riqueza? Es establecer el pacto de Dios. Después progresamos a los principios de *visión profética* y *meditación embarazada*. ¿Cuál es su visión profética? Es el plan de Dios para su vida, el cual Dios concibió antes de la fundación del mundo. ¿Cómo descubre cómo alcanzar los objetivos de Él? Permitiendo que el Espíritu Santo le impregne con poder y sabiduría, y meditando en la verdad de Dios.

El siguiente principio de mentalidad de millonario es la *proclamación*. Esto es declarar que su visión se manifestará y las provisiones llegarán a su vida. Pocas personas reconocen el poder de este principio bíblico.

EL PODER CREATIVO DE LA PROCLAMACIÓN

Para liberar su provisión, debe proclamar su sueño o visión. ¿Qué puede lograr mediante una proclamación? Para responder a esta pregunta, examinemos los resultados de las propias Palabras de Dios, o sus proclamaciones. El primer capítulo de Génesis describe cómo Dios habló al mundo para darle existencia. Simplemente por el poder de sus Palabras, Dios creó la luz; el cielo, o cielos; la tierra; los mares; la vegetación; el sol, la luna y las estrellas; y los animales. ¿Cómo podría su Palabra tener tal poder? Es porque Dios y su Palabra son una misma cosa.

> *En el principio era el Verbo, y el Verbo era con Dios, y el Verbo era Dios. Este era en el principio con Dios. Todas las cosas por él fueron hechas, y sin él nada de lo que ha sido hecho, fue hecho. En él estaba la vida, y la vida era la luz de los hombres. La luz en las tinieblas resplandece, y las tinieblas no prevalecieron contra ella... Y aquel Verbo fue hecho carne, y habitó entre nosotros (y vimos su gloria, gloria como del unigénito del Padre), lleno de gracia y de verdad.*
>
> (Juan 1:1–5, 14)

Aunque puede que no lo entendamos del todo, este pasaje explica que Jesús es la Palabra y que la Palabra es Dios. Las palabras de Dios y Jesús, entonces, contienen todo su poder y gloria.

Además, la Biblia dice que la Palabra hablada de Dios sigue siendo eficaz:

> *Dios, habiendo hablado muchas veces y de muchas maneras en otro tiempo a los padres por los profetas, en estos postreros días nos ha hablado por el Hijo, a quien constituyó heredero de todo, y por quien asimismo hizo el universo; el cual, siendo el resplandor de su gloria, y la imagen misma de su sustancia, y quien sustenta todas las cosas con la palabra de su poder, habiendo efectuado la purificación de nuestros pecados por*

*medio de sí mismo, se sentó a la diestra de la Majestad en las
alturas.* (Hebreos 1:1–3)

La Palabra hablada de Dios ("rhema" en hebreo) "sostiene"
todas las cosas; es la fuerza coercitiva mediante la cual Dios une
todas las cosas. Esta sencilla verdad significa que la Palabra de
Dios literalmente ¡le sostiene a usted! Las palabras son una herra-
mienta que Dios usa para crear. Él une todo mediante su Palabra.
El hombre natural no entiende esto. Dios dijo:

*Porque mis pensamientos no son vuestros pensamientos, ni
vuestros caminos mis caminos, dijo Jehová. Como son más
altos los cielos que la tierra, así son mis caminos más altos
que vuestros caminos, y mis pensamientos más que vuestros
pensamientos.* (Isaías 55:8–9)

Como Dios nos hizo a su imagen, nuestras palabras tienen su
poder creativo. Este es el poder de la proclamación. Cuando proclamamos alineados con el propósito de Dios, no según nuestras circunstancias, nuestra mente comienza a conformarse a sus pensamientos.
Cuando la Palabra de Dios llega, corrige. La verdad de la Palabra
expone nuestros errores. Nos permite reconocer las perspectivas
erróneas y las malas actitudes. Con la verdad llega la reprimenda.

*Toda la Escritura es inspirada por Dios y útil para enseñar,
para reprender, para corregir y para instruir en la justicia, a
fin de que el siervo de Dios esté enteramente capacitado para
toda buena obra.* (2 Timoteo 3:16–17, NVI)

La Palabra de Dios nos equipa para llevar a cabo su visión para
nuestras vidas.

¿ESTÁ USTED DECLARANDO LO QUE CREE?

¿Declara usted lo que cree? Si es así, ¿qué ocurre cuando lo
hace? ¿Afirma Dios las palabras que usted dice? Si no, lo que usted

cree y proclama puede que sea erróneo. Hay muchas personas muy sinceras que están sinceramente engañadas. La sinceridad no es una marca de verdad. Recuerde: incluso los demonios creen sinceramente que Jesús es Señor. *"Tú crees que Dios es uno; bien haces.*

Cuando proclamamos alineados con el propósito de Dios, no según nuestras circunstancias, nuestra mente comienza a conformarse a sus pensamientos. Cuando la Palabra de Dios llega, corrige. La verdad de la Palabra expone nuestros errores.

También los demonios creen, y tiemblan" (Santiago 2:19).

Al viajar por todo el mundo, he conocido muchos tipos de personas. He encontrado que algunas de las personas más sinceras son los musulmanes. Son fervientes, comprometidos, leales y fieles. Sin embargo, cuando les he pedido que oren a Mahoma por sanidad, oran pero no son sanados; sus enfermedades persisten a pesar de sus palabras. Tampoco tienen una seguridad de salvación permanente basada en la confesión de su fe. La razón de esto es que no creen en la *verdadera* Palabra de Dios. Por lo tanto, su sinceridad no induce a Dios a llevarles a la salvación. ¿Qué mueve a Dios? Un corazón de fe en la verdad. ¿De qué está compuesta la fe? La fe es una combinación de creencia del corazón, declaración de la boca, y las acciones correspondientes de obediencia a Dios.

Que si confesares con tu boca que Jesús es el Señor, y creyeres en tu corazón que Dios le levantó de los muertos, serás salvo.

Porque con el corazón se cree para justicia, pero con la boca se confiesa para salvación. (Romanos 10:9–10)

Porque como el cuerpo sin espíritu está muerto, así también la fe sin obras está muerta. (Santiago 2:26)

Esto es para todos. Debemos declarar nuestra fe y decir la verdad. ¿Está usted obedeciendo a Dios y pasando sus pruebas respecto a sus palabras, o son sus palabras negativas y llenas de derrota? ¿Dice usted: "Oh, Dios, ya no puedo más", a lo cual Dios responde: "Entonces, no puedo darte más"?

No adopte la mentalidad de que las presiones son demasiado grandes y sus desafíos son más de lo que puede soportar. Eso no es cierto. Dios promete:

No os ha sobrevenido ninguna tentación que no sea humana; pero fiel es Dios, que no os dejará ser tentados más de lo que podéis resistir, sino que dará también juntamente con la tentación la salida, para que podáis soportar. (1 Corintios 10:13)

No mida el tamaño de su conflicto solo con su fuerza; mida el tamaño del conflicto que tiene en comparación con la inmensidad de la fuerza de Dios. El apóstol Pablo declaró acerca de Jesús:

Pero él me dijo: "Te basta con mi gracia, pues mi poder se perfecciona en la debilidad." Por lo tanto, gustosamente haré más bien alarde de mis debilidades, para que permanezca sobre mí el poder de Cristo. (2 Corintios 12:9, NVI)

El día que usted declara: "No puedo manejar esto", es el día en que queda atrapado. Cuando esto sucede, nadie puede liberarle. Su única vía de escape es ponerse de rodillas ante Dios y buscar su intervención divina.

Hacer frente al conflicto puede causar frustración, decepción, desilusión y desánimo. Como usted siente que no puede soportarlo más, simplemente quiere abandonar. Las presiones son demasiado grandes, el día es demasiado largo, y la angustia es insoportable. Sin embargo, el hecho es que Dios usa las presiones para ver si vivirá usted por su Palabra. Las Escrituras dicen que si no puede correr con hombres a pie, ¿cómo entonces correrá con jinetes? Si se siente derrotado, como si estuviera de pie en aguas que le llegan por el tobillo, ¿cómo espera algún día nadar?

> *Si corriste con los de a pie, y te cansaron, ¿cómo contenderás con los caballos? Y si en la tierra de paz no estabas seguro, ¿cómo harás en la espesura del Jordán?*   (Jeremías 12:5)

PROCLAMAR FINANZAS PARA LA VISIÓN

Piense en los retos de Job en la Biblia. Durante todo su sufrimiento, tuvo muchas oportunidades de maldecir a Dios y morir; sin embargo, rehusó hacerlo. Job mantuvo su integridad delante de Dios. Pasó la prueba cuando prometió y proclamó la Palabra de Dios, diciendo:

> *Orarás a él, y él te oirá; Y tú pagarás tus votos. Determinarás asimismo una cosa, y te será firme, y sobre tus caminos resplandecerá luz. Cuando fueren abatidos, dirás tú: Enaltecimiento habrá; y Dios salvará al humilde de ojos.*   (Job 22:27–29)

Como resultado, se produjeron cambios increíbles en la vida de Job. Su familia y sus riquezas aumentaron más que nunca. Al final de su vida, tuvo el doble de lo que tenía. "*Después de haber orado Job por sus amigos, el Señor lo hizo prosperar de nuevo y le dio dos veces más de lo que antes tenía*" (Job 42:10, NVI). Cuando descubre el poder de la declaración, puede declarar realidades no solo para usted sino también para la gente que le rodea.

El desafío que a menudo tenemos delante respecto a las declaraciones financieras es que no creemos del todo en el poder de nuestras palabras; no creemos lo que dice la Palabra de Dios sobre la capacidad creativa de las palabras. Como muchos factores afectan a nuestro entorno, no tenemos la confianza, en medio del caos, de declarar la voluntad de Dios. No creemos que veremos sus propósitos logrados cuando Él habla.

DECLARE LA VISIÓN Y LA PROVISIÓN

Cada año, en octubre, noviembre y diciembre, comienzo a orar para que Dios revele su visión para el calendario del año siguiente. Pido conocer el propósito en el que debo caminar, y el plan a implementar. También, antes del primer día de cada año, decido en mi corazón cumplir mi "meta dada" durante el año próximo. Después proclamo el propósito y la visión que Dios me ha revelado. También, decreto que llegarán las finanzas, para que pueda lograr los objetivos de Dios para ese año. Durante veinte años he estado haciendo esto.

Siempre que le doy al Señor, escribo en los sobres de la ofrenda mi visión y la promesa de la meta dada para ese año. Le recuerdo a Dios: "Dios, esta es mi promesa. Estoy cumpliendo tu propósito en esta tierra. Ahora, cumple las palabras que he declarado en el área de las finanzas". Es interesante ver lo que ocurre a lo largo del año. ¡A veces la cantidad de dinero que Dios me envía para dar es asombrosa! Por ejemplo, en 1996 subestimé cómo Dios se movería en lo económico, y Dios superó mi promesa ¡en un 250 por ciento! Quizá se pregunte si tuve alguna forma natural de hacer que eso ocurriera. Rotundamente no. ¿Cómo pudo ser? Es porque el poder de la proclamación funciona.

Es posible cruzar umbrales financieros cuando ata su dinero al propósito de Dios y le demuestra que Él puede confiar en usted. Dios está deseoso de liberar finanzas si sabe que, cuando usted las reciba, le devolverá su parte. La bendición de la provisión resulta cuando usted...

+ Se alinea con la visión y el propósito de Dios.

+ Proclama su visión y provisión para que exista.

+ Declara su promesa y da a Dios.

Entonces, verá el propósito y la voluntad de Dios cumplirse en su vida. ¿Está listo para entrar en cambios sobrenaturales? Recuerde...

Sino acuérdate de Jehová tu Dios, porque él te da el poder para hacer las riquezas, a fin de confirmar su pacto que juró a tus padres, como en este día. (Deuteronomio 8:18)

La provisión sigue a la visión; no sigue a la necesidad. Hablaremos de este tema más adelante en el siguiente capítulo. Sin embargo, déjeme decir esto: la mayoría de personas ponen sus necesidades en sus listas de oración. En vez de eso, ¿por qué no ponen su visión?

Al orar, pronostique su futuro. Lleve su visión delante de Dios, proclame su provisión, y declare su promesa. Recuerde: sus palabras dan vida o muerte a su visión. *"La muerte y la vida están en poder de la lengua, y el que la ama comerá de sus frutos"* (Proverbios 18:21).

Estoy seguro de que la iglesia no ha experimentado una gran ola de aumento porque no ha permanecido en fiel alineación con la visión de Dios.

LA VOZ DEL DINERO

¿Se da cuenta de que el dinero tiene voz? ¿Alguna vez se ha hablado a usted mismo acerca de su situación económica? La mayoría de la gente masculla acerca del dinero. ¿Por qué? ¡Usted debe saber que el dinero habla! Sin reconocerlo, puede encontrarse repitiendo lo que ha oído; y pronto, estos pensamientos pueden comenzar a existir. Recuerde: sus palabras conllevan poder creativo. Al proclamar los pensamientos negativos de dinero, puede paralizar severamente sus finanzas. Permítame explicarme.

Un día, estaba yo de pie haciendo fila detrás de un hombre en el mostrador de una caja cuando observé que no podía pagar su compra. Mirando en su cartera, parecía estar discutiendo consigo mismo por lo que estaba viendo. Me acerqué un poco más para ver y escuchar.

Recuerde: sus palabras conllevan poder creativo. Al proclamar los pensamientos negativos de dinero, puede paralizar severamente sus finanzas.

Cada tarjeta de crédito que miraba creaba un gruñido distinto en el hombre. Su actitud oscilaba entre la ira y el temor, entre la frustración y la desesperación. Sorprendentemente, pronosticó el fracaso financiero de sus futuros hijos. Mientras seguía comprobando su billetera, llegó a su talón de cheques. Después dijo que odiaba su trabajo. Deseaba que el _____ trabajo _____. Agarró dinero en efectivo, y tras mascullar otra profecía autodestructiva, le pagó a la cajera.

Antes de salir de la tienda, le dijo a la dependienta: "Con todo esto, ¿cómo me voy a poder casar algún día? Mi novia solo quiere asentarse, casarse y comenzar una familia. No sé cómo puede alguien darse el lujo de casarse, ¡y mucho menos de tener hijos!".

Mirando al anillo de bodas de la cajera, preguntó: "¿Tiene usted hijos?".

Ella respondió: "¿Por qué cree que estoy detrás de esta caja registradora? No creerá que estoy aquí por gusto, ¿verdad? Mi esposo y yo nos vemos de pasada por la noche por los distintos turnos de trabajo".

"Verá, ¡me sorprendería mucho si tengo que vivir así!", respondió él. "Mis hijos nunca me conocerán. Bueno, imagino que no lo harán hasta que quieran pedirme algo de dinero también".

Asiendo fuertemente la cartera con su mano, se despidió saludando con ella en la mano mientras salía.

Después llegó mi turno en la fila. Al acercarme a la cajera, dije: "Vaya, ¿qué le pasaba?".

Ella respondió: "¿Qué espera la gente de mí? Trabajo aquí solo para intentar llegar a fin de mes. No es de extrañar que la gente termine siendo despedida en sus trabajos. ¡Mire a ese tipo! Está como loco, ¡y yo tengo mis propios problemas financieros!".

Mientras me alejaba del mostrador, miré en mi propia billetera, preguntándome: ¿Estoy yo también así de frustrado?

Esa noche enseñaba en una conferencia de libertad financiera. Mi tema era sobre aprovechar la brecha del dinero, el cual había desarrollado en una serie de casetes. Explicaba que entre el costo de hacer un producto y su precio de venta hay una brecha llamada ganancia. El sentido de mi mensaje esa noche era explorar por qué gastamos tanto de nuestro dinero dando ganancias a otros cuando Dios prometió enseñarnos a *nosotros* a obtener ganancias.

Así ha dicho Jehová, Redentor tuyo, el Santo de Israel: Yo soy Jehová Dios tuyo, que te enseña provechosamente, que te encamina por el camino que debes seguir. (Isaías 48:17)

En esa reunión, pensaba: *Veamos lo que ocurre en esta asamblea de cristianos cuando les pida que saquen su dinero en efectivo/chequeras/tarjetas de crédito, y las miren.* Cuando les indiqué que lo hicieran, algunas personas me miraron enojadas. El temor vino sobre otras. Algunos estaban atónitos, y otros probablemente pensaban: *Ya estamos. ¡Va a pedir una ofrenda!* De inmediato, la atmósfera se hizo pesada. Para aligerar las cosas, bromeé: "¡No se preocupen! ¡No voy a recoger una ofrenda!". Algunos se rieron con nerviosismo, otros suspiraron de alivio, pero algunos seguían escépticos. La atmósfera se relajó un poco más pero no mucho.

Yo pensaba: *Si así es como la iglesia responde incluso antes de mirar en sus carteras ¿qué sucederá cuando las abran?* Les pedí que se pusieran de pie con todo el dinero que tuvieran con ellos, efectivo, tarjetas de crédito, etc., en la mano. Algunos tardaron un poco en obedecer. Otros eran obstinados, ¡y rehusaron hacerlo! Una y otra vez, les aseguraba que no estaba tomando una ofrenda y que no tuvieran miedo. Finalmente, todos estaban de pie con dinero en la mano.

Después les pedí que me mirasen a mí y no al dinero que tenían en sus manos. Ahora el escenario estaba listo. Mi prueba estaba finalmente a punto de comenzar. Dije: "Cierren sus ojos y libérense de cualquier confusión o temor, ¡en el nombre de Jesús! Ahora abran sus ojos, y miren sus tarjetas de crédito, después a su dinero, y después a su chequera. De acuerdo, paren, ¡y mírenme!".

A medida que me miraba cada uno, simplemente pregunté: "¿Cuántos de ustedes tuvieron pensamientos de temor, frustración o ansiedad? ¿Mirar a su dinero encendió algún pensamiento de ira o acusación? Quizá incluso tuvo pensamientos que pronosticaron un futuro negativo. Si experimentó cualquier pensamiento negativo ahora, levante su mano".

Cerca del 80 por ciento de la gente levantó su mano. Después, el otro 20 por ciento levantó su mano después de explicarles cómo reconocer un pensamiento negativo. Por tanto, ¡el 100 por ciento de la gente en la iglesia había recibido un pensamiento negativo!

Quizá se pregunte de qué se trata todo esto. ¿Está listo? ¿Puede soportar otro pensamiento nuevo? Bien, listo o no, allá voy.

Cuando todos reconocieron que habían tenido pensamientos negativos, les dije que fueran a sus Biblias a Eclesiastés 10:19:

Para el placer se prepara la comida, y el vino alegra la vida, y el dinero es la respuesta para todo. (Eclesiastés 10:19, LBLA)

Después dije a la gente: "Ahora repitan después de mí: '¡El dinero responde!' Díganlo de nuevo: 'El dinero responde!' Ahora bien, ¿qué responde?".

Muchos respondieron: "Todas las cosas", pero no parecía que sabían lo que eso significaba. Así que continué, explicando lo que había ocurrido cuando miraron su dinero. En sus pensamientos, habían oído al dinero hablándoles, o respondiéndoles, como respuesta a cada pensamiento o palabras previas que habían salido de su dinero. El dinero no hizo ninguna pregunta, ni inició conversación alguna. No, la Palabra de Dios dice que el dinero responde.

Sé que quizá esto sea nuevo para usted, pero ¿cuándo fue la última vez que el dinero le respondió? Por favor siga leyendo, porque esto puede cambiar para siempre la manera en que usted permite que su dinero le responda.

Después pregunté a la gente: "¿Les gusta cómo les habla su dinero? ¿Permiten ustedes que todo les hable así, y no hacen nada al respecto?".

Pude ver la revelación caer sobre algunos de ellos. Se dieron cuenta de que tenían pensamientos negativos cuando miraban su dinero.

También vi la duda en algunos rostros que probablemente aún me cuestionaban, así que les pedí que acudieran a Génesis 2:16–17. Leímos lo siguiente:

Y mandó Jehová Dios al hombre, diciendo: De todo árbol del huerto podrás comer; mas del árbol de la ciencia del bien y del mal no comerás; porque el día que de él comieres, ciertamente morirás.

Después pregunté: "¿Produjo el árbol prohibido manzanas, peras o naranjas?". Obviamente no produjo nada de eso. Les expliqué que producía *conocimiento*, ¡el cual la humanidad podía ingerir! Sabemos que la caída del hombre ocurrió en el huerto del Edén cuando Adán y Eva comieron ese conocimiento. De repente, entendieron el bien y el mal. Pero Dios quería que no tuvieran ese conocimiento. ¿Por qué? Una de las razones era que Él no quería que la humanidad experimentase pensamientos negativos.

Verá, cuando Adán y Eva desobedecieron a Dios al comer del árbol prohibido, comenzaron a experimentar los primeros pensamientos negativos:

> *En ese momento se les abrieron los ojos, y tomaron conciencia de su desnudez. Por eso, para cubrirse entretejieron hojas de higuera. Cuando el día comenzó a refrescar, oyeron el hombre y la mujer que Dios el Señor andaba recorriendo el jardín; entonces corrieron a esconderse entre los árboles, para que Dios no los viera. Pero Dios el Señor llamó al hombre y le dijo: —¿Dónde estás? El hombre contestó: —Escuché que andabas por el jardín, y tuve miedo porque estoy desnudo. Por eso me escondí.* (Génesis 3:7–10, NVI)

De repente, la desnudez física de Adán y Eva produjo temor. Lo que vieron y oyeron en su entorno natural provocó pensamientos negativos. De forma similar, el dinero físico puede provocar pensamientos negativos en usted, como lo hizo en toda la gente en mi reunión de finanzas esa noche.

Debido a la caída del hombre, es común que nosotros recibamos pensamientos del enemigo mediante nuestro entorno físico. Hoy día, cuando algunas personas cruzan un puente, entretienen pensamientos de saltar desde él. Otros ven un río y sienten que se están ahogando. Aún otros entran en un elevador y sienten que se caerán; o suben a un avión y piensan que se estrellarán. Estos son temores, o fobias, que el enemigo habla a la gente mediante el entorno físico. El dinero nos responde de forma similar pero no con una voz audible.

Después de explicar esto en mi reunión, dije: "Ahora, debemos preguntarnos: '¿Puedo cambiar la respuesta del dinero?'". Ahora tenía su atención.

De inmediato, les recordé las palabras de Jesús en Marcos 11:23: *"Porque de cierto os digo que cualquiera que dijere a este monte: Quítate y échate en el mar, y no dudare en su corazón, sino creyere que será hecho lo que dice, lo que diga le será hecho."*

Dije: "Levántense. Ahora, hablen a su dinero. ¡Díganle cómo quieren responderle a partir de ahora! ¡En el nombre de Jesús! ¿Lo entiende? Sí, usted habla, y después su dinero le dirá: 'Sí, señor' o 'Sí, señora'. Ahora vuelva a sacar su dinero, ¡y prepárese para decirle qué tipo de respuestas quiere que le dé a partir de ahora!'".

Después, les dirigí en la siguiente oración:

En el nombre de Jesús, dinero, nunca me volverás a hablar de este modo. Yo soy tu amo, y tú eres mi siervo. Yo te digo dónde ir, y tú vas. Yo te digo cuándo venir, y vienes. A partir de ahora, responderás a todas las cosas con un "¡Sí! ¡Bendigo a mi amo con abundancia!". Ahora, dinero, si vuelvo a oírte responderme de nuevo con falta de respeto y negatividad, te desecharé y conseguiré más. ¡Entonces nunca tendrás el privilegio de servirme de nuevo!

El silencio llenó la sala. Podía oírse un alfiler caer.

"Miren su dinero una vez más", dije. "Díganme si les vuelve a hablar de forma negativa".

Hubo un pequeño silencio. Después la audiencia irrumpió en gritos de gozo, aplausos y agradecimientos a Dios. La gente de nuevo había vuelto a entender la Palabra de Dios, a aplicarla, y ver los resultados.

Ahora le toca a usted. Saque su dinero, tarjetas de crédito y chequeras. Mírelas. Después escuche. Sí, ahora sabe qué hacer después. Haga esta oración conmigo:

Padre,

Creo que no solo existo en esta tierra. Tú me has llamado con un propósito divino y me has ordenado que herede todas tus promesas. Ahora, declaro tu propósito y visión para que existan. Proclamo tu plan para que exista. Sé que me enseñarás a tener ganancias, y me guiarás por el camino que debo seguir.

Mi presencia es prueba de que tú bendices a tu pueblo. Tú me has bendecido en mi entrada y mi salida. Yo soy cabeza y no cola. Cualquier cosa en la que pongo mi mano prospera. Grito en voz alta: "¡El Señor se agrada en la prosperidad de sus siervos! El Señor se agrada en *mi* prosperidad, su siervo".

Te declaro, Padre, la visión que hay en mi corazón, y declaro que *sucederá*. Libero riquezas, porque son tuyas y servirán a tu visión. Cuando las reciba Señor, lo volveré a sembrar de nuevo en tu reino.

Ahora, hablo a mi dinero. En el nombre de Jesús, le ordeno que me responda con respeto y sin hablar mal. Yo soy un hijo del Dios Altísimo. El dinero debe servirme a mí y a la visión profética que mi Dios me ha llamado a cumplir. A partir de ahora, no entretendré ningún pensamiento negativo del enemigo a través de mi dinero.

Gracias, Dios, por darme autoridad para proclamar tu voluntad en la tierra hoy. En el nombre de Jesús, amén.

7

LIBERE LA PROVISIÓN IMPULSADA POR LA VISIÓN

Muchas personas no entienden el siguiente principio de la mentalidad de millonario: provisión. Durante años, trabajé bajo el pensamiento erróneo en esta área, y mis visiones sufrieron por ello. Pero creo que esta sencilla revelación revolucionará su economía, como hizo con la mía.

NO HAY PROVISIÓN SIN VISIÓN

Primero, consideremos el término *provisión*. El prefijo *pro* significa "por o en favor de". Provisión, entonces, se debe liberar a favor de una visión para cumplirla. Ahora bien, si usted no tiene una visión, ¿por qué tener provisión? ¡Usted no la necesita a menos que tenga una visión!

Verá, hay tres motivaciones para las riquezas: necesidad, egoísmo y visión.

Algunas personas tienen una necesidad tan grande que se esfuerzan por conseguir riquezas, creyendo que eso llenará su vacío. Otros simplemente desean ser ricos porque son egoístas. Una motivación ávida de ganar riquezas impulsa a ambos tipos de personas. Cuando obtienen su meta, la tristeza viene con ello. Su dolor está directamente relacionado con su amor al dinero.

Su Padre celestial no está en contra de que usted tenga riquezas; sin embargo, ¡Él no quiere que la riqueza o la búsqueda de ella controle su vida! Claramente, su Palabra advierte en contra del amor al dinero y la motivación que consume todo el tiempo para adquirir riquezas.

La gran riqueza que Dios desea derramar en su vida para cumplir su visión sobrepasa con mucho suplir sus actuales necesidades. De hecho, trabajar frenéticamente solo para suplir sus necesidades no está ni siquiera cerca de lo mejor de Dios para usted. Él no bendice este tipo de motivación maldita.

Es cierto que con la verdadera religión se obtienen grandes ganancias, pero sólo si uno está satisfecho con lo que tiene. Porque nada trajimos a este mundo, y nada podemos llevarnos. Así que, si tenemos ropa y comida, contentémonos con eso. Los que quieren enriquecerse caen en la tentación y se vuelven esclavos de sus muchos deseos. Estos afanes insensatos y dañinos hunden a la gente en la ruina y en la destrucción. Porque el amor al dinero es la raíz de toda clase de males. Por codiciarlo, algunos se han desviado de la fe y se han causado muchísimos sinsabores.

(1 Timoteo 6:6–10, NVI)

Por otro lado, algunas personas reciben visiones de parte de Dios. En vez de necesidad o avaricia como su fuerza motora, ellos desean ver cumplida la visión de Dios; quieren ver lo que Dios puede construir. A medida que estas personas avanzan hacia su visión, Dios bendice la obra de sus manos. Con la bendición no llega la tristeza, según Proverbios 10:22, el cual estudiamos antes.

La gran riqueza que Dios desea derramar en su vida para cumplir su visión sobrepasa con mucho suplir sus actuales necesidades. De hecho, trabajar frenéticamente solo para suplir sus necesidades no está ni siquiera cerca de lo mejor de Dios para usted. Él no bendice este tipo de motivación maldita. En cambio, Dios pretende que la riqueza le siga a usted, no que usted siga a la riqueza.

Jesús dijo que señales seguirían a los que creen:

Y estas señales seguirán a los que creen: En mi nombre echarán fuera demonios; hablarán nuevas lenguas; tomarán en las manos serpientes, y si bebieren cosa mortífera, no les hará daño; sobre los enfermos pondrán sus manos, y sanarán...Y ellos, saliendo, predicaron en todas partes, ayudándoles el Señor y confirmando la palabra con las señales que la seguían. Amén. (Marcos 16:17–18, 20)

De manera similar, la riqueza le seguirá cuando usted obedece a Dios. Es un subproducto de seguir la visión que Dios le ha dado. Esto es lo que yo llamo provisión impulsada por la visión. Recuerde: Dios es su fuente. Cuando usted le busca a Él primero, Él le añade todo lo demás:

Mas buscad primeramente el reino de Dios y su justicia, y todas estas cosas os serán añadidas. (Mateo 6:33)

Este principio básico aparece a lo largo de toda la Biblia.

EJEMPLOS BÍBLICOS DE PROVISIÓN IMPULSADA POR UNA VISIÓN

Las Escrituras del antiguo pacto contienen muchos ejemplos de provisión sobrenatural de Dios. Examinemos algunas de ellas ahora, comenzando con repasar parte de nuestro estudio sobre los israelitas, y luego avanzando a las vidas de Abraham, Isaac y Jacob.

LOS ISRAELITAS NECESITABAN PASAR LAS PRUEBAS DE DIOS

Diariamente, Dios proveía maná para los israelitas. Recuerde: tuvieron que vagar por el desierto durante cuarenta años para aprender que el hombre no vive solo de pan sino de toda palabra de Dios. Los israelitas tuvieron que darse cuenta de que no debían vivir o enfocarse en las cosas materiales. En su lugar, las palabras de Dios y sus visiones debían ser su enfoque. Solo cuando se enfocaban en Él llegaba la provisión. Israel tuvo que ver a Dios de otra forma. Tenían que abrir sus ojos para ver que Dios mismo era su provisión.

DIOS BENDIJO A TODAS LAS NACIONES A TRAVÉS DE ABRAHAM

Piense de nuevo en Abraham. Cuando su nombre era aún Abram, recibió una visión y un propósito.

Pero Jehová había dicho a Abram: Vete de tu tierra y de tu parentela, y de la casa de tu padre, a la tierra que te mostraré. Y haré de ti una nación grande, y te bendeciré, y engrandeceré tu nombre, y serás bendición. Bendeciré a los que te bendijeren, y a los que te maldijeren maldeciré; y serán benditas en ti todas las familias de la tierra. (Génesis 12:1–3)

El propósito de Dios era crear una gran nación desde Abram que bendijera a toda la humanidad.

En esos días, no existía conocimiento de Dios o Jehová. De hecho, el padre de Abraham, Taré, adoraba ídolos paganos:

Y dijo Josué a todo el pueblo: Así dice Jehová, Dios de Israel: Vuestros padres habitaron antiguamente al otro lado del río, esto es, Taré, padre de Abraham y de Nacor; y servían a dioses extraños. Y yo tomé a vuestro padre Abraham del otro lado del río, y lo traje por toda la tierra de Canaán, y aumenté su descendencia, y le di Isaac. (Josué 24:2–3)

Nadie le había hablado a Abram acerca de Dios, así que Dios le dio a Abram un encuentro personal con Él mismo. Hizo un nuevo pacto con Abram y le suplió toda provisión sobrenatural. Dios Padre prometió a Abram:

Alza ahora tus ojos, y mira desde el lugar donde estás hacia el norte y el sur, y al oriente y al occidente. Porque toda la tierra que ves, la daré a ti y a tu descendencia para siempre. Y haré tu descendencia como el polvo de la tierra; que si alguno puede contar el polvo de la tierra, también tu descendencia será contada. Levántate, ve por la tierra a lo largo de ella y a su ancho; porque a ti la daré. (Génesis 13:14–17)

Tan solo piense: Dios prometió dar a Abram regalos, cosas por las que él no había trabajado, no se había esforzado ni preparado. El único requisito de Abram era creer que Dios cumpliría su promesa. Sin embargo, a Abram le costó confiar en Dios. Ya en su vejez, él y su esposa no tenían hijos.

Entonces, cuando Abram tenía noventa y nueve años, y su esposa Sarai tenía noventa, Dios cambió el nombre de Abram por Abraham, que significa "padre de muchas naciones" (véase Génesis 17:5), y el nombre de Sarai por Sara, que significa "princesa de muchas naciones" (véase Génesis 17:15). Ahora bien, entienda que Dios les cambió el nombre un año antes de que naciera su hijo Isaac. (Véase Génesis 17:21). ¡Qué visión profética era esa!

¿Cómo reacciona usted a promesas como esta? ¿Ve la visión de Dios o ve lo que le limita para recibir sus promesas? ¿Responde usted: "Bueno, Dios, entiendo lo que dices, pero ¿qué ocurre con

_____?".

Al principio, Abraham desafió a Dios en cuanto a su visión. Mediante una intervención sobrenatural, Dios le había bendecido con ganado, plata y oro por los que él no había trabajado. (Véase Génesis 13:2). Sin embargo, se quejó en Génesis 15:2–3, "Dios, tú me has dado estas bendiciones económicas, y es maravilloso, pero ¿dónde está mi hijo? ¿Cómo puedo ser el padre de muchas naciones cuando no tengo hijos ni herederos de sangre?".

¿Cómo respondió Dios a Abraham? Simplemente reiteró su visión y prometió cumplirla:

> *Mira ahora los cielos, y cuenta las estrellas, si las puedes contar. Y le dijo: Así será tu descendencia. Y creyó a Jehová, y le fue contado por justicia.*   (Génesis 15:5–6)

Hemos visto que por mucho que se demore, Dios intervendrá y cumplirá sus promesas. Él prometió bendecir a Jacob con las bendiciones de Abraham, y nadie le podría detener. Aunque las bendiciones se demorasen, no serían negadas.

Finalmente, Abraham creyó en la visión. Su corazón tuvo que conectar con Dios para liberar la provisión del cielo. Si en vez de eso, se hubiera quedado en la esfera natural de la vida, Abraham no habría logrado llevar a cabo la visión de Dios de convertirse en aquel que Dios había llamado a ser. No hubiera tenido la fe, voz e influencia que aún reconocemos hoy. Sin sus encuentros espirituales con Dios, Abraham no hubiera cumplido el propósito de Dios.

Dios tenía una visión para la vida de Abraham, y en cada paso Él suplió la provisión. Recuerde: Jesucristo vino a través del linaje de Abraham. Piense en esto: ¡Dios de hecho proveyó para *toda* la humanidad a través de Abraham!

ISAAC DESCUBRIÓ QUE LA ABUNDANCIA SIGUE A LAS PROMESAS DE DIOS

Cuando Abraham murió, no le dejó nada a su hijo Isaac. Abraham había experimentado una hambruna, y en Génesis 26:1, la Biblia declara que Isaac también vivió en una tierra de terrible hambruna. Sin embargo, Dios prometió bendecir a Isaac, diciendo:

Habita como forastero en esta tierra, y estaré contigo, y te bendeciré; porque a ti y a tu descendencia daré todas estas tierras, y confirmaré el juramento que hice a Abraham tu padre. Multiplicaré tu descendencia como las estrellas del cielo, y daré a tu descendencia todas estas tierras; y todas las naciones de la tierra serán benditas en tu simiente. (Génesis 26:3-4)

Isaac escogió no actuar basándose en la apariencia de la hambruna sino en el sueño de Dios en fe:

Y sembró Isaac en aquella tierra, y cosechó aquel año ciento por uno; y le bendijo Jehová. El varón se enriqueció, y fue prosperado, y se engrandeció hasta hacerse muy poderoso. Y tuvo hato de ovejas, y hato de vacas, y mucha labranza; y los filisteos le tuvieron envidia. (Génesis 26:12-14)

Cuando Isaac entró en las promesas de Dios, entró en la abundancia.

JACOB ENTENDIÓ QUE LAS BENDICIONES DE DIOS SE PUEDEN DEMORAR PERO NO NEGAR

El libro de Génesis describe al hijo de Isaac y nieto de Abraham, Jacob, como un nómada, vagando por el desierto, sin rebaños ni manadas. Poseía muy pocas cosas. El padre de Jacob, Isaac, le envió con su tío Labán para encontrar una esposa. Por el camino, Dios le dio a Jacob un sueño muy parecido a lo que Él había prometido a Abraham.

> *Y soñó: y he aquí una escalera que estaba apoyada en tierra, y su extremo tocaba en el cielo; y he aquí ángeles de Dios que subían y descendían por ella. Y he aquí, Jehová estaba en lo alto de ella, el cual dijo: Yo soy Jehová, el Dios de Abraham tu padre, y el Dios de Isaac; la tierra en que estás acostado te la daré a ti y a tu descendencia. Será tu descendencia como el polvo de la tierra, y te extenderás al occidente, al oriente, al norte y al sur; y todas las familias de la tierra serán benditas en ti y en tu simiente.* (Génesis 28:12–14)

En el lugar de la visión, Jacob levantó un pilar y lo ungió. Renombró la ciudad Betel, que significa "casa de Dios".

> *E hizo Jacob voto, diciendo: Si fuere Dios conmigo, y me guardare en este viaje en que voy, y me diere pan para comer y vestido para vestir, y si volviere en paz a casa de mi padre, Jehová será mi Dios. Y esta piedra que he puesto por señal, será casa de Dios; y de todo lo que me dieres, el diezmo apartaré para ti.* (Génesis 28:20–22)

Jacob continuó con su viaje, llegó a la tierra de su tío Labán, y se enamoró de su prima Raquel. Cuando Jacob había trabajado siete años para casarse con Raquel, Labán le engañó dándole a Lea, la hermana mayor de Raquel, en matrimonio. Solamente después de acordar trabajar otros siete años, se permitió a Jacob casarse con Raquel. Continuó trabajando para Labán seis años más. Sin embargo, tras una combinación de veinte años de trabajo, Jacob aún no poseía nada.

Ahora bien, sabemos que Dios nos dio las Escrituras para nuestra instrucción. (Véase 2 Timoteo 3:16). Por nuestros estudios, hemos visto que por mucho que se demore, Dios intervendrá y cumplirá sus promesas. Él prometió bendecir a Jacob con las bendiciones de Abraham, y nadie le podría detener. Aunque las bendiciones se demorasen, no serían negadas.

Durante los veinte años de trabajo de Jacob, Labán le había engañado varias veces y no le había pagado del todo. Por lo tanto, Jacob pidió a Labán que le enviase a su propio país con sus esposas y sus hijos. Pero sabiendo que Dios había bendecido su vida porque Jacob había estado allí, Labán le pidió a Jacob que se quedara. Le dijo a Jacob que le pidiera lo que quisiera.

> *Y él dijo: ¿Qué te daré? Y respondió Jacob: No me des nada; si hicieres por mí esto, volveré a apacentar tus ovejas.*
>
> (Génesis 30:31)

Como veremos después, el abuelo de Jacob, Abraham, había dado una respuesta similar al rey de Sodoma, en caso de que el rey dijera: *"Yo enriquecí a Abraham"* (Génesis 14:23). Explicando su acuerdo con Labán, Jacob continuó:

> *Yo pasaré hoy por todo tu rebaño, poniendo aparte todas las ovejas manchadas y salpicadas de color, y todas las ovejas de color oscuro, y las manchadas y salpicadas de color entre las cabras; y esto será mi salario. Así responderá por mí mi honradez mañana, cuando vengas a reconocer mi salario; toda la que no fuere pintada ni manchada en las cabras, y de color oscuro entre mis ovejas, se me ha de tener como de hurto. Dijo entonces Labán: Mira, sea como tú dices.*
>
> (Génesis 30:32–34)

Labán probablemente estaba pensando: *Esto será maravilloso, porque solo tengo un número pequeño de animales rayados y manchados.*

Pero mientras Jacob alimentaba los rebaños de Labán, tomó varas verdes de álamo, de avellano y de castaño, y descortezó mordeduras blancas para que parecieran rayadas y salpicadas. Después las puso en los canales de los abrevaderos donde los animales las veían cuando iban a beber y concebían.

¿De dónde vino esta idea? Jacob necesitaba una respuesta, y Dios le había dado un sueño. Así es como Jacob se lo contó a Raquel y Lea:

> *En cierta ocasión, durante la época en que los animales estaban en celo, tuve un sueño. En ese sueño veía que los chivos que cubrían a las cabras eran rayados, manchados o moteados. En ese mismo sueño, el ángel de Dios me llamó: "¡Jacob!" Y yo le respondí: "Aquí estoy." Entonces él me dijo: "Fíjate bien, y te darás cuenta de que todos los chivos que cubren a las cabras son rayados, manchados o moteados. Yo he visto todo lo que te ha hecho Labán. Yo soy el Dios de Betel, donde ungiste una estela y me hiciste una promesa. Vete ahora de esta tierra, y vuelve a la tierra de tu origen".* (Génesis 31:10–13, NVI)

Aquí, vemos que Dios le había dicho a Jacob que Él controlaría el resultado de los hábitos de apareamiento de los animales.

> *Así concebían las ovejas delante de las varas; y parían borregos listados, pintados y salpicados de diversos colores. Y apartaba Jacob los corderos, y ponía con su propio rebaño los listados y todo lo que era oscuro del hato de Labán. Y ponía su hato aparte, y no lo ponía con las ovejas de Labán.*
> (Génesis 30:39–40)

Así que Jacob ponía constantemente la visión que Dios le había dado delante de los ojos de los rebaños. De esta forma, nada contaminaba la bendición de la provisión de Dios para él.

> *Y sucedía que cuantas veces se hallaban en celo las ovejas más fuertes, Jacob ponía las varas delante de las ovejas en los abrevaderos, para que concibiesen a la vista de las varas. Pero*

cuando venían las ovejas más débiles, no las ponía; así eran
las más débiles para Labán, y las más fuertes para Jacob. Y se
enriqueció el varón muchísimo, y tuvo muchas ovejas, y siervas
y siervos, y camellos y asnos. (Génesis 30:41–43)

¿Cómo se produjo este aumento? Jacob tuvo una multiplicación tal de ganado, que pudo venderlo y contratar muchos sirvientes. Jacob confió más en la provisión para la visión que Dios le había dado que en el pago de salarios que se le debían por haber trabajado ¡veinte años para Labán! ¡Confió más en la bendición de Dios que en la compensación de su trabajo!

Puede que Dios permita que algunas personas experimenten largas pruebas de carácter, como hizo con Abraham, Isaac, Jacob y José. Finalmente, sin embargo, Dios les dio provisión sobrenatural y riquezas, y hará lo mismo con usted. Con paciencia, ellos superaron todos los obstáculos para lograr sus sueños.

Ahora, Labán y sus hijos no eran felices por la prosperidad de Jacob. Dios le dijo a Jacob:

Vuélvete a la tierra de tus padres, y a tu parentela, y yo estaré
contigo. Envió, pues, Jacob, y llamó a Raquel y a Lea al campo
donde estaban sus ovejas, y les dijo: Veo que el semblante de

*vuestro padre no es para conmigo como era antes; mas el Dios
de mi padre ha estado conmigo.* (Génesis 31:3–5)

Dios liberó provisión para las visiones de Abraham, Isaac y
Jacob. También recuerde que el sueño de Dios para José fue que
sería exaltado y recibiría una gran riqueza. Ahora, recuerde que
José era el hijo de Jacob, ¡así que aquí tenemos cuatro generaciones de soñadores! Dios cumplió sus promesas a cada uno de ellos,
y ellos rebosaron de bendiciones económicas. Hoy, usted y yo no
deberíamos esperar menos.

NO TOME NINGÚN ATAJO

En este libro hemos establecido claramente que es la voluntad
de Dios que usted prospere; sin embargo, no hay atajos para las
bendiciones de Dios.

En Génesis 16, la Biblia explica que Abraham y Sara intentaron
acelerar el sueño de Dios mediante un plan carnal. Decidieron que
Abraham se acostara con su sirvienta, Agar. Ella tendría un hijo,
Ismael, el cual se convertiría después en el enemigo de Abraham
y el ancestro de los árabes, que aún odian a Israel. Si Abraham se
hubiera detenido ahí, ¡habría provocado un cortocircuito en el plan
de Dios para el linaje de Jesucristo!

¿Qué tal si Jacob hubiera tomado una salida más fácil escapán-
dose con Raquel en vez de quedarse veinte años con Labán? No
habría recibido los rebaños y la riqueza extraordinaria que Dios
había planeado para él; ni hubiera tenido a Lea como su esposa, la
cual le dio las doce tribus de Israel.

¿Qué habría ocurrido si José hubiera decidido aceptar la
invitación de la esposa de Potifar para acostarse con ella? (Véase
Génesis 39–41). Él no hubiera tenido la oportunidad de interpre-
tar los sueños del faraón y llegar al poder en Egipto; ni hubiera

conseguido la posición para proveer para su padre y sus hermanos en el tiempo de hambruna.

Mire, ¡los atajos a la larga no son tan cortos!

Abraham, Isaac, Jacob y José capearon sus pruebas en integridad con fe y obediencia. Del mismo modo, nosotros debemos seguir el sueño de Dios, sin importar cuánto tardemos o dónde nos lleve. Como Dios es veraz, Él no violará su propia Palabra usando actividades no éticas, ilegales, inmorales, u otras que no sean buenas para prosperarnos; ni tampoco bendecirá Él las prisas en la búsqueda de las riquezas.

Puede que Dios permita que algunas personas experimenten largas pruebas de carácter, como hizo con Abraham, Isaac, Jacob y José. Finalmente, sin embargo, Dios les dio provisión sobrenatural y riquezas, y hará lo mismo con usted. Con paciencia, ellos superaron todos los obstáculos para lograr sus sueños. Pocas personas desean paciencia; sin embargo, nadie vive por encima de las leyes de la Palabra de Dios. Si queremos conseguir nuestros sueños, debemos soportar pacientemente las pruebas de Él con obediencia y fe. Incluso después de caer en la ruina financiera o en bancarrota, muchos se han recuperado consiguiendo llegar a la cima del éxito. Dios puede hacer *cualquier cosa* a través de nosotros cuando le seguimos.

Decida en su corazón que nada en la tierra puede derrotarle. ¡Jesús le ha hecho más que vencedor! (Véase Romanos 8:37). Tome decisiones que estén en consonancia con la Palabra de Dios. Si Dios no está en acuerdo con una acción, ¡no lo haga! Prosiga más allá de los límites naturales que alejan a los débiles y dubitativos. Aférrese a la verdad. ¡Después vea a Dios cómo demuestra cada una de sus Palabras!

Pero deseamos que cada uno de vosotros muestre la misma solicitud hasta el fin, para plena certeza de la esperanza, a fin de que no os hagáis perezosos, sino imitadores de aquellos que por la fe y la paciencia heredan las promesas.

(Hebreos 6:11–12)

Esta tierra y todo lo que hay en ella ¡son promesas de usted! Aproveche y utilice cada día como si fuera el último que tuviera. Viva sabiendo que Dios cumplirá su sueño en usted.

NO SE CONFORME CON LAS SOBRAS

Es interesante estudiar las vidas de Abraham, Isaac, Jacob y José. Descubrimos que cada generación perdió algo, y las sobras de las promesas de Dios no pasaron de una generación a la siguiente. Sin ayuda de los antepasados, cada uno tuvo que empezar de nuevo para conseguir sus propias promesas de Dios. Tuvieron que comenzar desde cero hasta llegar a la abundancia. Para recibir herencias divinas, cada uno tuvo un encuentro personal con Dios y llegó a conocerle. Esto activó las promesas de Dios, las cuales después se manifestaron en sus vidas.

Si vive solamente donde está ahora, nunca llegará al lugar donde podría estar. Su presente y la promesa de Dios son dos tierras totalmente distintas. Usted debe vivir más allá de la tierra del presente y entrar en la tierra de la promesa.

Hoy día muchas personas intentan vivir en la revelación de la experiencia de otra persona con Dios. Ellos ven la provisión de Dios para otros y esperan recibir de la abundancia; sin embargo, lo que rebosa de las experiencias de otras personas con Dios no es suficiente. Usted debe tener su propio encuentro con Él.

También, muchos creen que la riqueza heredada es la forma de llegar a las riquezas, pero esto no es cierto bíblicamente hablando. Verá, no importa si sus antepasados tocaron a Dios o si usted recibió su herencia legítima de una persona bendecida; solo importa si *usted* toca la realidad del sueño de Dios y recibe la provisión de Él para su visión. Si ha aceptado por completo el propósito de Dios en su corazón, entonces las palabras de Dios ya han ordenado la manera en que vendrá su provisión. La bendición de "desde cero a la abundancia" puede ser suya.

Debemos saber que tenemos un pacto mejor que el que tenían Abraham, Isaac y Jacob. Jesús edificó el nuestro sobre mejores promesas. Por lo tanto, deberíamos estar viendo al menos las primeras etapas de las promesas de Dios. Deberíamos estar teniendo experiencias del tipo "sin mancha ni arruga" y no estar en la nómina del sistema de valores de otro. Aunque no hay nada de malo en trabajar para gente, no deberíamos dejar que ningún trabajo corrompa nuestras creencias o se convierta en nuestra única fuente de ingresos. Este no es el plan de Dios para nosotros, porque, verá, la riqueza de Dios es creada, no ganada.

LA TIERRA DEL PRESENTE Y LA TIERRA DE LA PROMESA

Una de las claves para liberar la provisión de Dios es lo que yo llamo pasar de la tierra del presente a la tierra de la promesa. Abraham, Isaac, Jacob y José salieron todos de sus circunstancias naturales en la tierra del presente para entrar en la tierra de las promesas de Dios. Como resultado, todos caminaron en la abundancia.

Visitemos de nuevo la vida de Abraham por unos momentos. Él no vivió en la tierra de su presente sino en la tierra de la promesa de Dios.

Por la fe Abraham, siendo llamado, obedeció para salir al lugar que había de recibir como herencia; y salió sin saber a dónde iba. Por la fe habitó como extranjero en la tierra prometida como en tierra ajena, morando en tiendas con Isaac y Jacob, coherederos de la misma promesa. (Hebreos 11:8–9)

La mayoría de personas no saben cómo vivir en la tierra de la promesa, porque no se alcanza de inmediato. Preferirían vivir en la tierra de la propiedad, de lo que tienen ahora. Por lo general, el hombre escoge vivir y conformarse con lo que tiene en vez de lo que Dios promete. Estas son cosas muy distintas. Si vive solamente donde está ahora, nunca llegará al lugar donde podría estar. Su presente y la promesa de Dios son dos tierras totalmente distintas. Usted debe vivir más allá de la tierra del presente y entrar en la tierra de la promesa.

Recuerde: las respuestas para todo lo que necesitamos están en la voz de Dios. En la visión que Dios nos da está la provisión.

Por la fe, Abraham vivió *"en la tierra prometida como en tierra ajena"*. La tierra de la promesa es un lugar poco habitual. Usted solo puede entrar en ella cuando sale del ámbito de las limitaciones naturales.

Ahora bien, cuando Abraham viajó a la tierra de la promesa, ¿qué buscaba? *"Esperaba la ciudad que tiene fundamentos, cuyo arquitecto y constructor es Dios"* (Hebreos 11:10). Buscó una ciudad con fundamentos, que Dios había construido. Verá, Abraham vivió en tiendas por una razón. Fue porque rehusó permitir que sus manos interfiriesen con la obra de Dios de construir una nación. Desde el comienzo de su viaje, Abraham vivió voluntariamente en casas temporales hasta que Dios terminó su obra y le proveyó una residencia permanente.

En efecto, Abraham dijo obedientemente: "Soy residente temporal en tierra ajena, pero estoy buscando lo que Dios ha prometido que será mío. Hasta que lo vea, no me conformaré con nada menos. El Dios que lo ha declarado lo hará".

Dios no diseñó su presente para que actuara; diseñó que actuara solamente su promesa. Si usted trabaja en un empleo desde ahora hasta que se muera, ¿gastará todo y no tendrá nada significativo al final? Muchas personas viven y mueren sin tocar nunca el propósito o la provisión de Dios. Si se conforma solo con la vida en el presente, nunca vivirá en la promesa. Simplemente no tendrá suficiente dinero, tiempo o energía. Le faltará la previsión y la visión para ver el plan de Dios para su vida, y la sabiduría para manejarlo.

En el Nuevo Testamento, el apóstol Pablo se apoyó en estas verdades:

> *Porque esta leve tribulación momentánea produce en nosotros un cada vez más excelente y eterno peso de gloria; no mirando nosotros las cosas que se ven, sino las que no se ven; pues las cosas que se ven son temporales, pero las que no se ven son eternas.*   (2 Corintios 4:17–18)

Debe usted actuar en la vida sobre la base de las promesas de Dios. Cuando vive la visión y la visión vive en usted, entonces la provisión comenzará a fluir hasta usted. Recuerde: la provisión es para la visión.

EL PROPÓSITO Y LA PROMESA DE DIOS SIEMPRE LIBERAN PROVISIÓN

Así es como Abraham, Isaac, Jacob y José no solo sobrevivieron a sus desafíos sino que también lograron las grandes visiones que Dios había diseñado para ellos y sus descendientes. ¿Cómo comenzó Abraham? Salió de una casa donde adoraban ídolos paganos cuando Dios le habló, y finalmente se convirtió en un hombre rico, conocido como el padre de nuestra fe.

Piense en Isaac. Se enfrentó a una hambruna terrible, pero después de que Dios le hablara, recibió una cosecha del cien por ciento con rebaños, manadas y muchos siervos.

Jacob comenzó como vagabundo en el desierto, vagando, sin tener nada, y sin dirigir a nadie. Después de que Dios le diera un sueño, Jacob escapó del abuso de Labán, llevándose una gran riqueza, esposas, hijos, muchos siervos y una multitud de animales manchados y rayados.

El sueño de Dios en el corazón de José le catapultó desde una cárcel a un palacio, de la ocupación de un esclavo a ser gobernador de Egipto, el segundo después de Faraón.

Que estos testimonios le aporten esperanza. Sepa que la visión de Dios lleva consigo la provisión de Dios. Sembrar semillas de sueños hace que todo actúe a favor de usted. Es su sueño, no la provisión, lo que le lanza al viaje hacia el cumplimiento.

Cuando yo estaba en los negocios, tenía una mentalidad destructiva al comienzo. Pensaba que si podía ganar suficiente dinero en los negocios, entonces podría ser exitoso en el ministerio. Si tenía la provisión, entonces tendría la visión. Sin embargo, descubrí que lo pensaba al revés, y era como si el cielo fuera de bronce. Finalmente, Dios quebrantó mi espíritu, diciendo: "No tendrás suficiente dinero en el presente para hacer lo que yo digo. Solo lo tendrás en la tierra de la promesa".

En el ámbito de lo natural, los conceptos que Dios me había hablado sobre mis finanzas eran increíbles. En ese tiempo, solo tres personas asistían a mi iglesia, y nos reuníamos en mi salón, pero tenía la visión de un coro, una banda, un equipo de alabanza, escuelas bíblicas por todo el mundo, varios miles adorando a Dios, ¡y mil misioneros a tiempo completo en el campo misionero!

Dios me mostró que no tener nada en el presente no era un indicador de lo que tendría en la tierra de la promesa. Verá, usted y yo no necesitamos nada en el presente; solo necesitamos la tierra de la promesa. Abraham, Isaac, Jacob y José salieron de la nada para ir a la tierra de la promesa. Siguieron las palabras que Dios les había hablado. Recuerde: las respuestas para todo lo que necesitamos están en la voz de Dios. En la visión que Dios nos da está la provisión.

¿Qué palabras proféticas ha hablado Dios acerca de su vida? ¿Está usted siguiéndolas? ¿Qué visión hay en lo más hondo de su ser? Así como Dios tenía sueños para Abraham, Isaac y José, Él tiene un sueño también para usted. Usted quizá diga: "No, yo no tengo una visión predominante". Bueno, si es usted cristiano, tiene al Espíritu Santo dentro de usted. Él le conoció antes de que naciera, y Él entiende el propósito de su existencia. Su razón de vivir no es ningún secreto para el Espíritu Santo. Él conoce el final desde el principio. Como Él fue quien lo propuso, ¿quién podrá anularlo?

Escúchele. ¿Qué le está diciendo el Espíritu de Dios desde el cielo? ¿Qué ha dicho sobre su futuro? Recuerde siempre que Dios lucha por su visión, si esta viene de Él. Él pelea por su propósito. El Espíritu de Dios se lo revelará y lo logrará.

Usted puede tener la provisión celestial que necesita. Simplemente entre en ella obedeciendo a Dios. ¿Está dispuesto, como Jacob, a tallar algo tan simple como una rama y arrojarla a un abrevadero, proclamando: "Tierra, decreto el sueño de Dios para que se manifieste"? Esto es pensar radicalmente en comparación con la mentalidad habitual promedio del presente. Pero podemos vivir en una economía distinta: ¡la economía celestial de Dios!

Los sueños no cuestan nada, pero la mayoría de nosotros tememos tener uno porque tememos fallar. Hasta que no viva en la visión y la visión viva en usted, no llegará la provisión. No puede llegar, porque le falta una visión que la acompañe. Descubra el sueño de Dios para usted. Comience a declararlo. Luego, ¡salga de la tierra del presente a la tierra de la promesa!

COMIENZA CON SU IDENTIDAD EN DIOS

Dios les dijo a Abraham, Isaac y Jacob que bendeciría a todas las familias de la tierra a través de su simiente. Como discutimos anteriormente, sabemos que Jesús vino de su linaje, pero ¿cuál es el propósito de la existencia de *usted*? Jesús dijo que, en Cristo, usted es la luz del mundo, y a través de usted (y de otros cristianos) el mundo llega a ser salvo. El linaje de Jesucristo continúa para bendecir a todos los pueblos de la tierra mediante sus seguidores.

Tener una visión le hará volar alto por encima de los obstáculos de la mera humanidad y de la vida cotidiana. Es el sueño el que asfalta el camino para que llegue su cambio.

Vosotros sois la luz del mundo; una ciudad asentada sobre un monte no se puede esconder. Ni se enciende una luz y se pone debajo de un almud, sino sobre el candelero, y alumbra a todos los que están en casa. Así alumbre vuestra luz delante de los hombres, para que vean vuestras buenas obras, y glorifiquen a vuestro Padre que está en los cielos. (Mateo 5:14–16)

Como creyentes en Cristo, decimos con Pablo y Bernabé:

Porque así nos ha mandado el Señor, diciendo: Te he puesto
para luz de los gentiles, A fin de que seas para salvación hasta
lo último de la tierra.   (Hechos 13:47)

El asunto más significativo sobre la faz de esta tierra es adquirir la vida eterna. Todo lo que hacemos fuera de los propósitos de Dios es madera, heno y paja, lo cual será destruido y quemado. Pablo escribió:

Según la gracia que Dios me ha dado, yo, como maestro constructor, eché los cimientos, y otro construye sobre ellos. Pero cada uno tenga cuidado de cómo construye, porque nadie puede poner un fundamento diferente del que ya está puesto, que es Jesucristo. Si alguien construye sobre este fundamento, ya sea con oro, plata y piedras preciosas, o con madera, heno y paja, su obra se mostrará tal cual es, pues el día del juicio la dejará al descubierto. El fuego la dará a conocer, y pondrá a prueba la calidad del trabajo de cada uno. Si lo que alguien ha construido permanece, recibirá su recompensa, pero si su obra es consumida por las llamas, él sufrirá pérdida. Será salvo, pero como quien pasa por el fuego.   (1 Corintios 3:10–15, NVI)

Nada de lo que hace nadie, sin importar lo noble y maravilloso que sea, tiene ninguna recompensa eterna a menos que tenga propósito en Dios.

Los sueños que Dios nos ha dado reflejan nuestra importancia y su propósito ordenado para nuestra vida. Sepa que su propósito e identidad están en Dios. El Dios de Abraham, Isaac, Jacob y José también es *su* Dios, y Él no ha cambiado. El mismo Dios que hizo pasar a esos hombres de fe por tribulaciones que pusieron en peligro su vida, también le librará a usted. El mismo Dios que les proveyó a ellos le proveerá a usted. Cuando permita que Dios y su visión se conviertan en su enfoque, podrá volar alto más allá de toda limitación económica, educativa, social, étnica y de género, además de cualquier otro tipo de obstáculo.

DEJE QUE EL SUEÑO LE ATRAPE

Todo aquello en lo que Abraham, Isaac, Jacob y José pusieron sus manos prosperó. ¿Cuál era el secreto de su éxito? ¡Les impulsaba un sueño! A lo largo de sus vidas, sus sueños les llevaron. Las visiones de Dios para sus vidas estaban atadas a la provisión.

Titulé este libro *Mentalidad de Millonario*, pero de hecho estoy escribiendo acerca de una mentalidad de sueño. Usé la palabra *millonario* para dejar implícita la idea del gran valor de esta mentalidad. Si lo hubiera titulado "mentalidad de sueño", quizá hubiera dicho usted: "Bueno, yo he tenido sueños en el pasado". Pero ¿realmente ha tenido un sueño de Dios, y ese sueño le ha atrapado? Hasta que el sueño no le tenga a usted, usted no tiene el sueño de Dios.

Hoy día, muchos luchamos para cumplir nuestros sueños en nuestras propias fuerzas. En vez de mirar hacia delante, miramos hacia atrás, viviendo en el presente, y diciendo: "Esto no está funcionando. No está ocurriendo. Quizá tengo que detener este sueño".

¡No! El sueño que atrapa su corazón es su liberación. Tener una visión le hará volar alto por encima de los obstáculos de la mera humanidad y de la vida cotidiana. Es el sueño el que asfalta el camino para que llegue su cambio. Abraham, Isaac, Jacob y José tuvieron todos la oportunidad de decir: "Esto no está funcionando. No está ocurriendo. Quizá tengo que detener este sueño". No tenían nada al comienzo de sus sueños, y usted no necesita nada tampoco. Usted solo necesita el sueño. ¡Su provisión está en la visión!

Intente entregarse a los sueños de Dios y a *su* fortaleza, la de Dios. Si vivimos en base a las palabras y promesas ilimitadas de Dios, caminaremos en su provisión ilimitada.

DIOS ME DIJO QUE VIVIERA EL SUEÑO

Cuando mi esposa Faye y yo nos estábamos divorciando, oré en el Espíritu Santo, y Dios me dio una visión. Vi campos de personas, cientos de miles de personas, acudiendo a Jesús. Entonces, Jesús me habló, diciendo: "Te he llamado para cosechar los campos del mundo".

En ese entonces, mi esposa me estaba demandando en un juzgado. Le dije a Dios: "Tienes un gran problema". Acababa de leer recientemente en las Escrituras: *"Pues el que no sabe gobernar su propia casa, ¿cómo cuidará de la iglesia de Dios?"* (1 Timoteo 3:5), y según este versículo, la visión no era probable.

Pero entonces Dios me respondió, diciendo: "Si vives el sueño que yo te he dado, ¡yo dirigiré tu casa!".

"Trato hecho", respondí rápidamente, "porque lo que yo estoy haciendo no está funcionando". Había hecho todo para salvar mi matrimonio, pero nada había funcionado.

La verdad es que el sueño de Dios reconcilió nuestro matrimonio y libró nuestro hogar. Cuando Faye y yo nos volvimos a casar, le dije: "¿Te das cuenta de que no nos estamos casando otra vez el uno para el otro? Nos estamos casando para los campos del mundo, para que Dios pueda tocarlos". Verá, el matrimonio era una provisión para el sueño. El sueño se convirtió en nuestra fuerza impulsora. Fue nuestro llamado al propósito de Dios.

¿Alguna vez ha visto a alguien en circunstancias tristes cuando se involucró en la visión de Dios para su vida? ¿Abandonó el sueño porque el presente era demasiado frustrante? ¿Le vio perder su gozo, ímpetu, motivación y finanzas? Quizá perdió casi todo lo valioso. ¿Por qué? Fue probablemente porque cualquier cosa fuera de su sueño no funcionó para él.

De nuevo, debemos entender que el hombre no vive solo de pan sino de cada palabra que sale de la boca de Dios. (Véase

Deuteronomio 8:3). Viva de lo que Dios dice. Deje que el sueño de Él le impulse. Si confía en la fuerza de su propio brazo de la carne, en lo que usted puede hacer, la Biblia dice que será maldito; sin embargo, si su confianza está en Dios, Él le bendecirá.

Así ha dicho Jehová: Maldito el varón que confía en el hombre, y pone carne por su brazo, y su corazón se aparta de Jehová. Será como la retama en el desierto, y no verá cuando viene el bien, sino que morará en los sequedales en el desierto, en tierra despoblada y deshabitada. Bendito el varón que confía en Jehová, y cuya confianza es Jehová. Porque será como el árbol plantado junto a las aguas, que junto a la corriente echará sus raíces, y no verá cuando viene el calor, sino que su hoja estará verde; y en el año de sequía no se fatigará, ni dejará de dar fruto. (Jeremías 17:5–8)

Será como el varón justo del Salmo 1. Nueva vida comenzará a crecer y florecer a su alrededor.

Sino que en la ley de Jehová está su delicia, y en su ley medita de día y de noche. Será como árbol plantado junto a corrientes de aguas, que da su fruto en su tiempo, y su hoja no cae; y todo lo que hace, prosperará. (Salmos 1:2–3)

INCLUSO LOS GENTILES CUMPLEN LA VISIÓN PROFÉTICA

¿Está usted listo para permitir que su sueño impulse su provisión? Nehemías lo estaba. Veamos esta conmovedora historia ahora sobre la infiltración del Espíritu Santo en las vidas de su pueblo para restaurar su visión y propósito. Dios le dio a Nehemías el sueño de reconstruir las murallas de Jerusalén, que habían sido destruidas por los enemigos de Israel en años anteriores.

Nehemías, cuyo nombre significa "consuelo de Jehová", era un judío cautivo de un rey gentil llamado Artajerjes. Tenía la posición de confianza de ser el copero personal del rey, lo cual habla de su fuerte carácter e integridad. Sin embargo, su sueño le llevó más allá de su entorno y responsabilidades temporales:

> *Palabras de Nehemías hijo de Hacalías. Aconteció en el mes de Quisleu, en el año veinte, estando yo en Susa, capital del reino, que vino Hanani, uno de mis hermanos, con algunos varones de Judá, y les pregunté por los judíos que habían escapado, que habían quedado de la cautividad, y por Jerusalén. Y me dijeron: El remanente, los que quedaron de la cautividad, allí en la provincia, están en gran mal y afrenta, y el muro de Jerusalén derribado, y sus puertas quemadas a fuego. Cuando oí estas palabras me senté y lloré, e hice duelo por algunos días, y ayuné y oré delante del Dios de los cielos.*
>
> (Nehemías 1:1–4)

Reconozco la gracia interviniendo en mi vida cuando mi sueño y visión están mucho más allá de mi capacidad humana, ¡y Dios interviene para hacerlo Él mismo! Yo solo soy capaz de gritar con Él, porque no puedo hacer que suceda con mis propias fuerzas.

A veces, los sueños le afectan. Usted empieza a notar pausas, enfermedades sociales, dolor, destrucción e injusticias en su entorno. Lo que ve a menudo atrapa su corazón y le hace llorar. Tome nota cuando eso le ocurra, porque son las señales de la visión de Dios dentro de usted. Al leer la porción restante de esta historia, piense en lo que atrapa su corazón y le hace llorar. Esto le ocurrió a Nehemías, y después, oró a Dios:

Y dije: Te ruego, oh Jehová, Dios de los cielos, fuerte, grande y temible, que guarda el pacto y la misericordia a los que le aman y guardan sus mandamientos; esté ahora atento tu oído y abiertos tus ojos para oír la oración de tu siervo, que hago ahora delante de ti día y noche, por los hijos de Israel tus siervos; y confieso los pecados de los hijos de Israel que hemos cometido contra ti; sí, yo y la casa de mi padre hemos pecado. En extremo nos hemos corrompido contra ti, y no hemos guardado los mandamientos, estatutos y preceptos que diste a Moisés tu siervo. (Nehemías 1:5-7)

Un día, cuando Nehemías estaba cumpliendo su función como copero, el rey Artajerjes vio la inusual expresión de su rostro y le preguntó:

¿Por qué está triste tu rostro? pues no estás enfermo. No es esto sino quebranto de corazón. Entonces temí en gran manera. Y dije al rey: Para siempre viva el rey. ¿Cómo no estará triste mi rostro, cuando la ciudad, casa de los sepulcros de mis padres, está desierta, y sus puertas consumidas por el fuego? Me dijo el rey: ¿Qué cosa pides? Entonces oré al Dios de los cielos, y dije al rey: Si le place al rey, y tu siervo ha hallado gracia delante de ti, envíame a Judá, a la ciudad de los sepulcros de mis padres, y la reedificaré. Entonces el rey me dijo (y la reina estaba sentada junto a él): ¿Cuánto durará tu viaje, y cuándo volverás? Y agradó al rey enviarme, después que yo le señalé tiempo. Además dije al rey: Si le place al rey, que se me den cartas para los gobernadores al otro lado del río, para que me franqueen el paso hasta que llegue a Judá; y carta para Asaf guarda del bosque del rey, para que me dé madera para enmaderar las puertas del palacio de la casa, y para el muro de la ciudad, y la casa en que yo estaré. Y me lo concedió el rey, según la benéfica mano de mi Dios sobre mí. (Nehemías 2:2-8)

La provisión llegó cuando la visión penetró en el espíritu de Nehemías. Ciertamente, le dijo al rey gentil: "Tengo una visión, y quiero que usted haga algo al respecto". ¿Qué hizo el rey? Le dio a Nehemías todos los materiales necesarios para terminar todo el trabajo de reconstruir las murallas alrededor de Jerusalén. Cuando usted obedece a Dios y deja que su sueño le dirija, su provisión es probable que venga de los lugares más inesperados.

COMO ZACARÍAS, USTED RECIBIRÁ GRACIA DE DIOS

La última historia que quiero compartir en este capítulo es la de otro constructor: Zorobabel. Dios le dio a Zorobabel el sueño de reconstruir el templo de Jerusalén. El profeta Zacarías compartió la visión de Dios:

> Esta es palabra de Jehová a Zorobabel, que dice: No con ejército, ni con fuerza, sino con mi Espíritu, ha dicho Jehová de los ejércitos. ¿Quién eres tú, oh gran monte? Delante de Zorobabel serás reducido a llanura; él sacará la primera piedra con aclamaciones de: Gracia, gracia a ella.   (Zacarías 4:6–7)

¿Tuvo que esforzarse Zorobabel por alcanzar su meta? ¡Oh, no! Aquí, el Espíritu de Dios prometió llevar a cabo la visión ¡con gritos de gracia!

¿Qué es gracia? ¿De dónde viene, y cómo funciona? ¿Cómo puede saber cuándo está actuando en ella? Algunos han dicho que la gracia son las riquezas de Dios a expensas de Cristo. Reconozco la gracia interviniendo en mi vida cuando mi sueño y visión están mucho más allá de mi capacidad humana, ¡y Dios interviene para hacerlo Él mismo! Yo solo soy capaz de gritar con Él, porque no puedo hacer que suceda con mis propias fuerzas.

Sigamos nuestro estudio sobre cómo el Espíritu Santo trabajó con Zorobabel, según el profeta Zacarías:

*Las manos de Zorobabel echarán el cimiento de esta casa, y
sus manos la acabarán; y conocerás que Jehová de los ejércitos
me envió a vosotros. Porque los que menospreciaron el día de
las pequeñeces se alegrarán, y verán la plomada en la mano de
Zorobabel. Estos siete son los ojos de Jehová, que recorren toda
la tierra.*   (Zacarías 4:9–10)

Zorobabel llevó a cabo la visión de Dios para restaurar el
templo de Salomón. ¿Sería muy atrevido decir que si puede usted
sintonizar con los deseos de Dios, nunca tendrá ni un solo día de
carencia o pérdida en su vida? Conseguirá su sueño y visión no por
su propia fuerza o poder, sino por su Espíritu. Será por la gracia
de Dios, no por la obra de la carne o la mente humana. Atraviese
ahora el umbral, y proclame: "Soy un creyente impulsado por un
sueño. Las semillas del sueño, las cuales Dios ha sembrado en mi
espíritu, ¡están literalmente haciendo que la provisión me siga!".

Haga esta oración conmigo ahora para concluir este capítulo
sobre la provisión:

Dios,

Te pido que yo pueda convertirme en alguien impulsado
por un sueño. Muéveme con tu visión profética y propósito como hiciste con Nehemías. Libérame de las influen-
cias de cualquier cosa que pueda atarme y sujetarme.

Mente de Dios, me entrego a ti y me someto a tus
sueños y visiones. Creo que tu visión producirá provisión
en mi vida. Como Abraham, Isaac, Jacob y José, te dejo
que me multipliques.

Como Zorobabel, edifico tu visión con un toque final
de gracia, porque sé que lo lograré no mediante fuerza o
poder, sino por tu Espíritu.

¡Aleluya! Imploro "gracia" sobre esto. En el nombre de
Jesús, amén.

8

CONECTE CON LA RIQUEZA DEL CIELO

Ahora, hemos visto que sus sueños, perspectiva, acciones y palabras son de gran importancia si quiere involucrarse en la provisión de Dios en su vida. Este último capítulo le dará varios secretos adicionales para ayudarle a conectar con la riqueza del cielo.

DESATE RESULTADOS FINANCIEROS

En capítulos anteriores examinamos la relación de Abraham con Dios. En nuestro estudio, vimos que obedeció a Dios, recibió su promesa cuando Sara concibió y dio a luz a Isaac, y llegó a ser extremadamente rico. Abraham conoció a Dios como su Proveedor:

Entonces el rey de Sodoma dijo a Abram: Dame las personas, y toma para ti los bienes. Y respondió Abram al rey de Sodoma: He alzado mi mano a Jehová Dios Altísimo, creador

de los cielos y de la tierra, que desde un hilo hasta una correa
de calzado, nada tomaré de todo lo que es tuyo, para que no
digas: Yo enriquecí a Abram. (Génesis 14:21–23)

Recuerde: el nieto de Abraham, Jacob, le dijo algo similar a Labán. Nadie podría decir correctamente que Labán hizo rico a Jacob, solo Dios pudo haber hecho un milagro así.

Debemos entender cómo Abraham desató las bendiciones financieras que experimentó. Examinaremos las cuatro llaves que Abraham usó para liberar su bendición. La primera llave de Abraham es tener una resolución absoluta en que Dios hizo que todo existiera. La segunda es creer que Dios es dueño de los cielos y de la tierra y de todo lo que hay en ellos. La tercera llave es una de acción: darle a Dios el diez por ciento de todo lo que uno tiene y todo lo que uno recibe. La cuarta llave es saber cómo sacar de la cuenta bancaria celestial de Dios. Este estudio de Abraham revelará verdades asombrosas, las cuales pocas personas llegan a experimentar del todo.

1. CREER QUE DIOS HIZO QUE TODO EXISTIERA

En el capítulo 4, "Active las semillas de sus sueños", estudiamos el primer capítulo de Génesis, el cual abre nuestros ojos al poder creativo de las palabras habladas de Dios. Las palabras de la boca de Dios crean cosas.

Si aplicáramos esta verdad a nuestra vida personal, viviríamos ilimitadamente. Por ejemplo, digamos que durante un tiempo de oración personal, usted oye a Dios decirle a su espíritu que Él está supliendo todas sus necesidades conforme a Filipenses 4:19: *"Mi Dios, pues, suplirá todo lo que os falta conforme a sus riquezas en gloria en Cristo Jesús".* Esta Palabra causaría confianza y apoyo, porque usted sabría que no puede proveer para usted mismo como Dios puede hacerlo.

Sin embargo, la mayoría de la gente se detiene ahí. Si el cumplimiento no llega inmediatamente, dejan de creer en ello. ¡No se detenga! Dios ha provisto esa palabra rhema para manifestar más de lo que usted necesita. Sí, *"conforme a sus riquezas en gloria"* significa mucho más de lo que usted necesita. Su bendición no es según su necesidad, ¡sino según las riquezas de Dios! Ore y pida a su Padre celestial que le revele esta verdad. Recuerde las palabras de Jesús:

> Dijo entonces Jesús a los judíos que habían creído en él: Si vosotros permaneciereis en mi palabra, seréis verdaderamente mis discípulos; y conoceréis la verdad, y la verdad os hará libres. (Juan 8:31–32)

Cuando nos enfocamos en cierto versículo leyendo, creyendo y declarándolo a nosotros mismos una y otra vez, recibimos el conocimiento revelado del Señor. Finalmente, la manifestación de la Palabra se producirá.

2. DIOS ES DUEÑO DE LOS CIELOS Y DE LA TIERRA Y DE TODO LO QUE HAY EN ELLOS

Con este principal pensamiento en mente, debemos concluir que nosotros somos solo administradores y no el Dueño. Abraham tenía un entendimiento claro de esta verdad. Tras ganar la batalla contra los que robaron las esposas, hijos y bienes de su sobrino Lot, rehusó identificarse con un sistema de recompensas humano:

> Y recobró todos los bienes, y también a Lot su pariente y sus bienes, y a las mujeres y demás gente. Cuando volvía de la derrota de Quedorlaomer y de los reyes que con él estaban, salió el rey de Sodoma a recibirlo al valle de Save, que es el Valle del Rey... Entonces el rey de Sodoma dijo a Abram: Dame las personas, y toma para ti los bienes. Y respondió Abram al rey de Sodoma: He alzado mi mano a Jehová Dios Altísimo, creador de los cielos y de la tierra, que desde un hilo hasta una correa de calzado, nada tomaré de todo lo que es

tuyo, para que no digas: Yo enriquecí a Abram; excepto sola-
mente lo que comieron los jóvenes, y la parte de los varones
que fueron conmigo, Aner, Escol y Mamre, los cuales tomarán
su parte.   (Génesis 14:16–17, 21–24)

Aquí vemos que Abraham sabía claramente que él llegaría a
ser alguien muy rico, ¡y solo veía una Fuente! Todo lo que tenía
procedía de Dios.

3. DARLE A DIOS EL DIEZ POR CIENTO DE TODO LO QUE UNO TIENE Y TODO LO QUE UNO RECIBE

Esta llave es absolutamente fundamental. No es solo un acto
físico sino un acto del corazón.

Primero, hablemos de la diferencia entre diezmos y ofrendas.
Dicho de forma simple, un diezmo (que significa un décimo o diez
por ciento) es una décima parte de todos sus ingresos. Observe que
es el primer décimo, o una décima parte de sus ingresos totales,
antes de apartar o usar nada. Cuando usted paga su diezmo, debe
ser de sus primicias. En el Antiguo Testamento, las primicias eran
la primera parte de la cosecha. Sus diezmos no deben salir de las
sobras.

Por otro lado, las ofrendas son todo lo que dé por encima y
además de la primera décima parte. No entraré mucho en detalle
sobre estas diferencias; muchos otros autores tienen libros excelen-
tes sobre este tema si quiere explorarlo más.

El acto de pagar diezmos comenzó antes de que Moisés
recibiera la Ley. Abraham pagó diezmos a Melquisedec. (Véase
Hebreos 7:2). Además, aprendimos antes que el nieto de Abraham,
Jacob, también prometió diezmar en Génesis 28:22. Hoy día, la
Palabra de Dios sigue mandándonos diezmar.

Mire el siguiente relato de la comida de pacto que compartió Abraham con Melquisedec después de derrotar al rey

Quedorlaomer de Elam y los otros reyes aliados. Aquí, tuvieron comunión y disfrutaron de una unanimidad de corazón. Abraham sintió una verdadera conexión con Dios mediante su dádiva.

> *Entonces Melquisedec, rey de Salem y sacerdote del Dios Altísimo, sacó pan y vino; y le bendijo, diciendo: Bendito sea Abram del Dios Altísimo, creador de los cielos y de la tierra; y bendito sea el Dios Altísimo, que entregó tus enemigos en tu mano. Y le dio Abram los diezmos de todo.*
>
> (Génesis 14:18–20)

Ahora bien, Melquisedec no era como cualquier hombre, sino que era como el Hijo de Dios mismo. De hecho, en Hebreos 7:8 la Biblia dice que, sobre la tierra, los hombres mortales reciben sus diezmos, pero Dios también los recibe en el cielo:

> *Porque este Melquisedec, rey de Salem, sacerdote del Dios Altísimo, que salió a recibir a Abraham que volvía de la derrota de los reyes, y le bendijo, a quien asimismo dio Abraham los diezmos de todo; cuyo nombre significa primeramente Rey de justicia, y también Rey de Salem, esto es, Rey de paz; sin padre, sin madre, sin genealogía; que ni tiene principio de días, ni fin de vida, sino hecho semejante al Hijo de Dios, permanece sacerdote para siempre. Considerad, pues, cuán grande era éste, a quien aun Abraham el patriarca dio diezmos del botín… Y aquí ciertamente reciben los diezmos hombres mortales; pero allí, uno de quien se da testimonio de que vive. Y por decirlo así, en Abraham pagó el diezmo también Leví, que recibe los diezmos.*   (Hebreos 7:1–4, 8–9)

Entienda que usted paga sus diezmos directamente a Dios. En la actualidad, muchos creyentes disputan la práctica del diezmo. Esto es algo muy poco afortunado, porque la Palabra de Dios declara que debemos honrarle con el primer décimo de todo (antes de pagar las facturas, etc.). De lo contrario, todo nuestro dinero es maldito. Es mucho mejor tener un 90 por ciento bendecido que un 100 por ciento maldito. Lea conmigo el libro de Malaquías:

> *¿Robará el hombre a Dios? Pues vosotros me habéis robado. Y dijisteis: ¿En qué te hemos robado? En vuestros diezmos y ofrendas. Malditos sois con maldición, porque vosotros, la nación toda, me habéis robado. Traed todos los diezmos al alfolí y haya alimento en mi casa; y probadme ahora en esto, dice Jehová de los ejércitos, si no os abriré las ventanas de los cielos, y derramaré sobre vosotros bendición hasta que sobreabunde. Reprenderé también por vosotros al devorador, y no os destruirá el fruto de la tierra, ni vuestra vid en el campo será estéril, dice Jehová de los ejércitos. Y todas las naciones os dirán bienaventurados; porque seréis tierra deseable, dice Jehová de los ejércitos.* (Malaquías 3:8–12)

Su corazón y su tesoro están íntimamente ligados. Jesús explicó que nosotros solo podemos hacer una de dos cosas: confiar en Dios y honrarle con la actitud de nuestro corazón y nuestras acciones de dar, o confiar en otra cosa como nuestra fuente de sustento económico.

Tiene que entender la frase *"y haya alimento en mi casa"* a la luz del Nuevo Testamento. Jesús explicó lo que Dios quería decir: *"Jesús les dijo: Mi comida es que haga la voluntad del que me envió, y que acabe su obra"* (Juan 4:34). En otras palabras, usted da sus diezmos y ofrendas para que la iglesia pueda hacer la voluntad de Dios en la tierra.

Jesús también dijo: *"Porque donde esté vuestro tesoro, allí estará también vuestro corazón"* (Mateo 6:21). Su corazón y su tesoro están íntimamente ligados. Jesús explicó que nosotros solo podemos hacer una de dos cosas: confiar en Dios y honrarle con la actitud de nuestro corazón y nuestras acciones de dar, o confiar en otra cosa como nuestra fuente de sustento económico. Muchos viven atados y en maldición, porque confían en su destreza, educación, jubilación o trabajos como sus medios de subsistencia. Orgullosos hombres "hechos a sí mismos" confían en sus ahorros, acciones, bonos, o incluso en sí mismos.

Nuestro Señor continuó en este pasaje:

Porque donde esté vuestro tesoro, allí estará también vuestro corazón. La lámpara del cuerpo es el ojo; así que, si tu ojo es bueno, todo tu cuerpo estará lleno de luz; pero si tu ojo es maligno, todo tu cuerpo estará en tinieblas. Así que, si la luz que en ti hay es tinieblas, ¿cuántas no serán las mismas tinieblas? Ninguno puede servir a dos señores; porque o aborrecerá al uno y amará al otro, o estimará al uno y menospreciará al otro. No podéis servir a Dios y a las riquezas.

(Mateo 6:21–24)

Aquí, Jesús nos advirtió sobre no enredarnos en los sistemas del mundo de falsa seguridad, porque, en el mundo, todo lo que usamos desaparece. Está bien tener un trabajo bien pagado, ahorros, planes de pensión y mucha riqueza; sin embargo, no debemos poner nuestra confianza en estas cosas.

En el pasaje de arriba, Jesús dijo que confiar en la seguridad o provisión de algo que no sea Dios es confiar en el amo llamado "Mamón". En la era de Jesús, Mamón era el nombre de un dios de la provisión muy reconocido de los tres imperios paganos de Babilonia, Asiria y Egipto. Estos tres reinos confiaban en Mamón para su sustento e ingresos, como algunos de nosotros hoy día confiamos en nuestros planes de pensión, para así no tener que trabajar. Pero, obviamente, el falso dios Mamón no dio provisión alguna, y tampoco lo hacen nuestros planes de pensión.

Quizá esté pensando: *No, mis bienes para la jubilación están asegurados. Los he invertido en fondos mutuos de bajo riesgo y acciones de clase AAA. Me será fácil recuperarlos cuando llegue el tiempo de jubilarme.* Sobre esto, Jesús hizo algunas de las afirmaciones más profundas de la Palabra:

> *No os hagáis tesoros en la tierra, donde la polilla y el orín corrompen, y donde ladrones minan y hurtan; sino haceos tesoros en el cielo, donde ni la polilla ni el orín corrompen, y donde ladrones no minan ni hurtan.* (Mateo 6:19–20)

Jesús lo dijo. Asunto resuelto. Cuando almacenamos riquezas en la tierra, no es algo seguro. Los ladrones pueden robarlo, y se puede deteriorar de varias formas. Por ejemplo, ¿qué les ocurriría a nuestras finanzas si el mercado de acciones se viniera abajo? Solo Dios es nuestra única seguridad.

En relación con la valiente y reveladora frase de Jesús de que nuestros tesoros terrenales pueden ser robados, quizá usted se pregunte de qué se trata entonces el concepto de la mentalidad de millonario. Usted tiene que usar el dinero aquí en la tierra, así que ¿cómo no almacenarlo en la tierra? Y si lo almacena en el cielo, ¿cómo puede usarlo aquí en la tierra? Esta paradoja ha obstaculizado al hombre durante más de dos mil años. ¿Cómo funciona?

4. SABER CÓMO SACAR DE LA CUENTA BANCARIA CELESTIAL DE DIOS

En los siguientes párrafos compartiré secretos clave que he descubierto acerca de la interacción del hombre con Dios a la hora de recibir su riqueza. Esta es la cuarta llave para abrir la riqueza del cielo para usted.

Recuerde siempre que, según la Palabra de Dios, dar y recibir están ligados. Digamos que encuentra un banco que paga un beneficio anual de un 300 por ciento de intereses, y lo único que debe hacer para optar al 300 por ciento de beneficio es abrir una cuenta con un depósito y decir que los fondos son suyos (por ejemplo, estampando una firma y posiblemente su foto identificativa). Entonces, estaría listo para obtener el interés. También le permitirían retirar parte de los fondos de la cuenta, una vez que demostrara primero su identidad. Esto es similar a depositar y sacar de la cuenta bancaria celestial de Dios.

Examinemos su Palabra para descubrir cómo depositar correctamente y retirar. En este libro enfatizo la palabra *mentalidad*. ¡Prepárese para una buena comprobación de actitud! Los siguientes puntos sin duda contienen actitudes, puntos de vista, acciones y conversaciones que influenciarán el envío de riquezas de Dios para usted.

Pruebe a Dios para saber que Él cumplirá su Palabra. Para estar seguro de que Dios cumplirá su Palabra, pruébelo. Pero recuerde: antes de que Dios cumpla sus promesas, ¡usted debe hacer su parte! Volvamos a leer el libro de Malaquías:

> *Traed todos los diezmos al alfolí y haya alimento en mi casa; y probadme ahora en esto, dice Jehová de los ejércitos, si no os abriré las ventanas de los cielos, y derramaré sobre vosotros bendición hasta que sobreabunde. Reprenderé también por vosotros al devorador, y no os destruirá el fruto de la tierra, ni vuestra vid en el campo será estéril, dice Jehová de los ejércitos. Y todas las naciones os dirán bienaventurados; porque seréis tierra deseable, dice Jehová de los ejércitos.*
>
> (Malaquías 3:10–12)

Cuando usted dé, asegúrese de que vaya su corazón en ello. Demande la integridad de la Palabra de Dios creyendo que Él cumplirá lo que **prometió**. Esta uno es una experiencia puntual, sino un estado continuo de saber en su corazón que Dios cumple su Palabra. Entonces, no tendrá miedo a confiar en Él. Por experiencia, *sabrá* que Dios siempre le es fiel.

Dé directamente a Dios sin hablar de forma negativa. La manera en que damos a Dios es normalmente mediante buenos ministerios. A veces, sin embargo, estas organizaciones nos decepcionan por cómo manejan nuestras donaciones. Esto a menudo hace que muchos sin saberlo aborten su propia prosperidad. Nunca, nunca, nunca hable de forma negativa o con frustración de sus donativos económicos. Siempre dígale a Dios que le está dando el dinero a Él, y que nadie en la tierra le debe nada a cambio de eso. Su parte multiplicada viene solo de Dios. Sí, Dios usa a la gente, pero usted no debe limitar en su mente a quién puede Él usar. Antes aprendimos que aunque pagamos físicamente nuestros diezmos a hombres mortales, el Señor es realmente el que los recibe.

Una vez que haya dado, ¡guarde su lengua! Dios está escuchando:

> *Ustedes profieren insolencias contra mí —dice el* Señor *—.Y encima preguntan: "¿Qué insolencias hemos dicho contra ti?" Ustedes han dicho: "Servir a Dios no vale la pena. ¿Qué ganamos con cumplir sus mandatos y vestirnos de luto delante del* Señor *Todopoderoso si nos toca llamar dichosos a los soberbios, y los que hacen lo malo no sólo prosperan sino que incluso desafían a Dios y se salen con la suya?" Los que temían al* Señor *hablaron entre sí, y él los escuchó y les prestó atención.* (Malaquías 3:13–16, nvi)

En la versión Reina-Valera 1960, el último versículo dice:

> *Entonces los que temían a Jehová hablaron cada uno a su compañero; y Jehová escuchó y oyó, y fue escrito libro de memoria delante de él para los que temen a Jehová, y para los que piensan en su nombre.* (Malaquías 3:16)

Asegúrese de seguir estando bendecido. Recuerde Proverbios 18:21:

La muerte y la vida están en poder de la lengua, y el que la ama comerá de sus frutos.

¡Siempre dé generosamente con una actitud de gratitud! Su actitud es muy importante cuando le da al Señor. El apóstol Pablo dijo:

Pero esto digo: El que siembra escasamente, también segará escasamente; y el que siembra generosamente, generosamente también segará. Cada uno dé como propuso en su corazón: no con tristeza, ni por necesidad, porque Dios ama al dador alegre. Y poderoso es Dios para hacer que abunde en vosotros toda gracia, a fin de que, teniendo siempre en todas las cosas todo lo suficiente, abundéis para toda buena obra; como está escrito: Repartió, dio a los pobres; Su justicia permanece para siempre. Y el que da semilla al que siembra, y pan al que come, proveerá y multiplicará vuestra sementera, y aumentará los frutos de vuestra justicia. (2 Corintios 9:6–10)

Nunca permita que la duda afecte a su confianza. ¡Hable valientemente diciendo que solamente el Señor es su fuente y sustento!

Los siguientes versículos claramente dicen que Dios da generosamente las riquezas para nuestro disfrute, pero con estas bendiciones Él nos ordena que demos generosamente:

A los ricos de este mundo, mándales que no sean arrogantes ni pongan su esperanza en las riquezas, que son tan inseguras, sino en Dios, que nos provee de todo en abundancia para que lo disfrutemos. Mándales que hagan el bien, que sean ricos en buenas obras, y generosos, dispuestos a compartir lo que tienen. De este modo atesorarán para sí un seguro caudal para el futuro y obtendrán la vida verdadera.

(1 Timoteo 6:17–19, nvi)

Espere recibir. Aquí es donde muchos fallan y dudan, preguntándose: ¿Cómo recibo de Dios? Creo que lo dice muy bien estos versículos en Filipenses 4:13–19 (ntv):

Pues todo lo puedo hacer por medio de Cristo, quien me da las fuerzas. De todos modos, han hecho bien al compartir conmigo en la dificultad por la que ahora atravieso. Como saben, filipenses, ustedes fueron los únicos que me ayudaron económicamente cuando les llevé la Buena Noticia por primera vez y luego seguí mi viaje desde Macedonia. Ninguna otra iglesia hizo lo mismo. Incluso cuando estuve en Tesalónica, ustedes me mandaron ayuda más de una vez. No digo esto esperando que me envíen una ofrenda. Más bien, quiero que ustedes reciban una recompensa por su bondad. Por el momento, tengo todo lo que necesito, ¡y aún más! Estoy bien abastecido con las ofrendas que ustedes me enviaron por medio de Epafrodito. Son un sacrificio de olor fragante aceptable y agradable a Dios. Y este mismo Dios quien me cuida suplirá todo lo que necesiten, de las gloriosas riquezas que nos ha dado por medio de Cristo Jesús.

Ahora bien, si sabe que Dios tiene una cuenta en el cielo, mediante la cual usted puede depositar y retirar riquezas, ¡entonces úsela! Esto es a lo que se estaba refiriendo Jesús cuando nos dijo que almacenásemos tesoros en el cielo. Esta cuenta se está multiplicando, ¡y está reservada solo para usted!

Nunca permita que la duda afecte a su confianza. ¡Hable valientemente diciendo que solamente el Señor es su fuente y sustento! Dios animó a Abraham después de que hubiera diezmado y declaró que Dios recibiría toda la gloria por hacerle rico:

Después de estas cosas vino la palabra de Jehová a Abram en visión, diciendo: No temas, Abram; yo soy tu escudo, y tu galardón será sobremanera grande.   (Génesis 15:1)

El acto de recibir ha de ser nuestra rutina de cada día. Después de todo, ¿no nos enseñó Jesús a orar a Dios *"el pan nuestro de cada día, dánoslo hoy"*? En lo que conocemos hoy día como el Padrenuestro, Jesús dijo:

Vosotros, pues, oraréis así: Padre nuestro que estás en los cielos, santificado sea tu nombre. Venga tu reino. Hágase tu voluntad, como en el cielo, así también en la tierra. El pan nuestro de cada día, dánoslo hoy. Y perdónanos nuestras deudas, como también nosotros perdonamos a nuestros deudores. Y no nos metas en tentación, mas líbranos del mal; porque tuyo es el reino, y el poder, y la gloria, por todos los siglos. Amén.

(Mateo 6:9–13)

Después, en el mismo capítulo de Mateo, recuerde que Jesús declaró: *"Mas buscad primeramente el reino de Dios y su justicia, y todas estas cosas os serán añadidas"* (Mateo 6:33). ¡Cada día es el tiempo de recibir!

TESTIMONIO QUE MUEVE MONTAÑAS

Ahora tengo una bendición especial para usted. Terminaré este último capítulo con una conmovedora historia de un empresario cristiano. Después de que este joven aprendiera el verdadero propósito de la riqueza y comenzara a practicar los principios de Dios, su vida nunca fue la misma. ¡Y puede sucederle a usted también!

Muchos probablemente pensaron que el chico, la oveja negra rebelde de su familia, no llegaría muy lejos. Un libro le describió como "desertor escolar", "fugitivo del hogar a los catorce".[7] Cuando se fue de casa, aceptó un trabajo en una fundición como barrendero, y se convirtió en quien hacía moldes de hierro. Sus padres cristianos, que le habían educado en los caminos del Señor, no se rindieron. En vez de eso, le entregaron su hijo a Dios y siguieron orando por su salvación.

Dos años después, a los dieciséis años, el joven aceptó a Jesucristo como su Salvador y Señor personal. Esa decisión cambió su vida para siempre, *y el mundo*. Verá, esta es la historia de Robert Gilmour LeTourneau (1888–1969), internacionalmente conocido como inventor, empresario, educador y filántropo. Se le ha "atribuido la creación de la industria mecanizada moderna para mover tierra".[8] Este peculiar hombre tuvo casi trescientas patentes y figura como uno de los veinte mejores inventores de la historia.[9] Creó cerca de trescientos inventos, incluidos el motor eléctrico individual, la rueda eléctrica, las separaciones en los puentes, la excavadora, un prototipo de las máquinas modernas para mover tierra, la plataforma perforadora en el agua, y mucho más. Fue el primer gran fabricante en hacer de la soldadura un proceso universalmente aceptado.[10] (Recuerde: ¡yo una vez fui soldador en una fábrica!)

Muchos tipos de equipamiento pesado moderno para mover tierra le deben su diseño a R. G. LeTourneau. Sus máquinas revolucionaron las industrias de la construcción pesada, minería,

7. Nels E. Stjernstrom, *The Joy of Accomplishment: A Story of Mr. R. G.* (Longview, TX: LeTourneau University, 1989), 20.
8. Ron Blue, *Splitting Heirs: Giving Money & Things to Your Children Without Ruining Their Lives* (Chicago, IL: Northfield Publishing, 2004), 148.
9. LeTourneau University, "The Machines", http://www.letu.edu/opencms/opencms/_Academics/library/museum/Machines/index.html.
10. Texas State Historical Association, "LeTourneau, Robert Gilmour", https://tshaonline.org/handbook/online/articles/fle36.

explotación forestal, limpiar la tierra, y la perforación de petróleo lejos de la orilla. LeTourneau finalmente dirigió plantas de fabricación en California, Illinois, Georgia, Mississippi y Texas.

Durante la Segunda Guerra Mundial, la empresa LeTourneau Company construyó el 70 por ciento del equipamiento para mover tierra que usaron las fuerzas aliadas.[11] En la cúspide de la guerra, de 1942 a 1945, R. G. creó "78 inventos, muchos de los cuales fueron fundamentales para ayudar a ganar la guerra".[12] En 1953, la compañía Westinghouse Air Brake compró los diseños y la empresa de R. G. LeTourneau por más de treinta millones de dólares.[13]

Además, R. G., junto a su querida esposa Evelyn, abrió el instituto LeTourneau Technical Institute en 1946, el cual desde entonces ha crecido hasta convertirse en la aclamada institución cristiana LeTourneau University. U. S. News & World Report la ha evaluado como una de las mejores universidades de América.[14]

La escuela comenzó cuando Mamá y Papá LeTourneau, como muchos los llamaban, sintieron la carga de ayudar a los trabajadores de su fábrica y los soldados rasos que regresaban de la Segunda Guerra Mundial. Como esos jóvenes necesitaban más educación y ministerio espiritual, los LeTourneau comenzaron programas de formación educativa y espiritual en sus fábricas. Esto resultó ser los comienzos de la Universidad LeTourneau, la cual ha producido más de diez mil alumnos, que han salido al mundo a servir a Dios por todos los Estados Unidos y otras cincuenta y cinco naciones. Esta acreditada universidad cristiana ofrece programas universitarios hoy día de ingeniería, tecnología, artes liberales, comercio, aviación, educación y ciencias, así como programas de master en

---

11. "The Machines".
12. Ibid.
13. R. G. LeTourneau, *R. G. Talks About...: The Industrial Genius, Practical Philosophy, and Christian Commitment of Robert G. LeTourneau (1888–1969)*, ed. Louise LeTourneau Dick (Longview, TX: LeTourneau Press, 1985), 250.
14. U.S. News & World Report, "LeTourneau University", http://colleges.usnews. rankingsandreviews.com/best-colleges/letourneau-university-3584.

administración de empresas y dirección de empresas. Piense en ello: ¡Dios produjo todo esto con un desertor escolar!

En el cincuenta aniversario de la universidad en 1996, el expresidente George Bush dijo de R. G. LeTourneau: "Siempre estuvo dispuesto a ir más allá. Estuvo dispuesto a seguir su visión. Así como su tocayo estaba comprometido con la excelencia, así como era un líder innovador, así también la Universidad LeTourneau se ha convertido en una institución conocida por su dedicación a los principios y su visión… ¡Continúen con esta gran obra!".

El expresidente Bush estaba muy familiarizado con R. G. décadas antes después de comprar las primeras recién inventadas plataformas de perforación lejos de la orilla LeTourneau. El expresidente de los Estados Unidos "atribuye a la plataforma petrolífera lejos de la orilla de R. G. el hecho de permitirle conseguir riqueza y libertad para involucrarse en la política". ¿Se da cuenta de la influencia que una persona puede tener cuando simplemente sigue el sueño que Dios ha puesto en su corazón?

Decidiendo mantener sus prioridades en orden respecto al dinero, Evelyn y R. G…

> …establecieron la Fundación LeTourneau y pusieron el 90 por ciento de las acciones de la empresa en la fundación, para que los dividendos de las acciones fueran a la fundación en lugar de ir a ellos personalmente. Las ganancias de las acciones de la fundación serían después usadas en esfuerzos cristianos por todo el mundo.

> Los recursos de la Fundación permitieron que Evelyn pudiera comprar 20 mil metros cuadrados en Winona Lake, Indiana, donde ella estableció Camp Bethany en 1937. Reclutó a estudiantes y graduados de Wheaton College para trabajar como consejeros y oradores, uno de los cuales era un joven predicador llamado Billy Graham.[15]

---

15. Kenneth Reuben Durham, *Faith and Ingenuity: LeTourneau University's First Fifty Years* (Marceline, MO: Walsworth Publishing Co., 1995).

Años después, su hijo Franklin asistió a la Universidad LeTourneau y regresó recientemente como orador en la clase de graduación del 2000.

En el prólogo de *Faith and Ingenuity: LeTourneau University's First Fifty Years*, el miembro del consejo de dirección Billy Graham escribió: "A mi juicio, LeTourneau es una de las mejores escuelas a la hora de combinar lo académico, el testimonio cristiano y la experiencia técnica que conozco. La gran ventaja de la Universidad LeTourneau reside en su filosofía de vincular lo académico y lo espiritual con un enfoque práctico. Guiada por el ejemplo de sus fundadores, produce una 'fe activa' que se infiltra en cada curso e influencia a cada alumno".[16]

En sus comienzos, R. G. y Evelyn LeTourneau lucharon con su deseo de servir a Dios a tiempo completo y formar una empresa. En ese punto, Dios usó a su pastor para animarles, quien les dijo que Dios necesitaba tanto empresarios como predicadores. Esta verdad transformó sus vidas. R. G. pasó las siguientes décadas viajando y edificando el reino de Dios pagándoselo él mismo. Debido a su equipamiento para mover tierra, R. G. también fue conocido como alguien que movía montañas.

Todo comenzó a la edad de treinta años, cuando se dedicó a ser un "empresario para Dios". Sin embargo, su amor por construir máquinas "nunca le desvió de lo que creía que era la razón de su existir: glorificar a Dios y difundir el mensaje del evangelio".[17] "Uno de cinco fundadores de Christian Business [Comité de hombres] International",[18] R. G. "es ampliamente reconocido... como la fuerza motriz detrás de reconciliar el cristianismo y el mundo de la empresa en muchos frentes".[19]

---

16. Ibid., prólogo.
17. Blue, *Splitting Heirs*, 149.
18. LeTourneau, *R. G. Talks About...*, 252.
19. Ibid., 8.

¿Cómo se produjo todo esto? R. G. LeTourneau atribuyó su viaje de ser un desertor escolar a millonario enteramente a Dios. Él afirmaba que era antes que ninguna otra cosa un cristiano.

Siempre he dicho cuando la gente me pregunta sobre los inventos que he realizado, que con cualquier cosa que sea capaz de hacer siempre le doy el mérito a Dios, quien me dio la mente... 1 Corintios 2:9 dice: *"Cosas que ojo no vio, ni oído oyó, Ni han subido en corazón de hombre, Son las que Dios ha preparado para los que le aman"*. El hombre no puede comprender tales maravillas con esta mente natural, no lo puede imaginar, pero el siguiente versículo dice: 'Pero Dios nos las reveló a nosotros por el Espíritu'. Así que si usted quiere entrar en las maravillas de Dios, no intente hacerlo con la mente natural del hombre, sino acepte al Hijo de Dios como su Salvador y deje que el Espíritu Santo le muestre las maravillas de una vida en Dios, tanto para ahora como para la eternidad.[20]

Miles de veces en todo el mundo, él dijo a las audiencias:

El versículo de mi vida ha sido Mateo 6:33: *"Mas buscad primeramente le reino de Dios y su justicia, y todas estas cosas os serán añadidas"*.[21]

Siempre que hablaba, R. G. comenzaba sus mensajes con frases como: "Amigos, yo soy solo un pecador salvado por gracia, solo un mecánico al que el Señor ha bendecido. Él me salvó por gracia y me hizo su hijo".

"Mis máquinas y mis logros", dijo una vez, "parecen muy pequeños cuando miro al cielo por la noche, y ellos me dicen que esas estrellas son mayores que este mundo... y entonces me doy

---

20. Ibid., 244.
21. Ibid., 246.

cuenta de lo pequeño que soy y me maravillo de que Dios enviara a su Hijo a salvarme y ayudarme".[22]

Hablaba no solo de sus inventos y otros asuntos de la empresa, sino también de cómo esas cosas físicas tenían un paralelismo con los principios espirituales de Dios. Por ejemplo, en 1948, dijo:

¿Puedo llamar su atención al contraste existente entre la historia bíblica de la creación y mi historia de la invención de mover la tierra?

He dicho: "En el principio desarrollé". Así debe decir cada inventor, ingeniero y diseñador: "Yo desarrollé" o "Yo hice". Aunque sea un invento original en un campo virgen, debe hacerse de algo que ya existe...

"En el principio creó Dios". Vea la diferencia en estas cinco primeras palabras de la Biblia. El hombre debe comenzar con algo, pero Dios comenzó con nada, absolutamente nada, y *"creó Dios los cielos y la tierra"* (Génesis 1:1). Como lo leemos en el Evangelio de Juan: *"Todas las cosas por él fueron hechas, y sin él nada de lo que ha sido hecho, fue hecho"* (Juan 1:3). Así que ya sea producir un mundo o un universo de la nada, o hacer al hombre del polvo de la tierra y soplar en su ser aliento de vida, o hacer el terrón de la tierra del cual fue moldeado el hombre, Dios es el Creador o Hacedor.

Si hubiera comenzado con materia que otro había provisto, no sería Dios. Al comenzar con nada, no hay nada imposible para Él. Pudo cubrir los cielos con universos que los hombres solo podrían descubrir con el telescopio y, por lo tanto, imaginar la construcción del átomo que ellos no pueden ver con un microscopio.

---

22. Ibid., 219.

Nuestra mejor opción entonces es doblar las rodillas como Job y decir: *"Yo conozco que todo lo puedes"* (Job 42:2).[23]

Motivado por su amor por Dios, R. G. LeTourneau fundó esfuerzos misioneros en Liberia, al oeste de África, y en Perú, Sudamérica, donde invirtió personalmente millones de dólares. Debido a ello, incontables miles de personas oyeron el evangelio y recibieron educación y ayuda médica.[24]

En 1956, R. G. LeTourneau explicó sus perspectivas sobre la riqueza:

> No importa cuánto dinero tienes; solo puedes dormir en una cama cada vez, y solo puedes vestir un traje cada vez, y sé que no puedes comer mucho más que yo, así que dejemos nuestra preocupación y recordemos que no podemos llevarlo con nosotros; pero podemos darlo a la obra del Señor y la Palabra de Dios dice que tendremos tesoros en el cielo, así que yo digo que podemos enviarlo por adelantado y hacer que nos espere cuando lleguemos allí.[25]

Cerca del final de su vida, LeTourneau comentó sobre el diezmo:

> No he sido nunca un gran predicador del diezmo... Mi lema ha sido: No cuánto de mi dinero doy a Dios sino cuánto del dinero de Dios me guardo para mí.
>
> Espero que ahora empiece a entender lo que quise decir cuando comencé diciendo que no he sido nunca un gran predicador del diezmo. Si bajo la ley el pueblo de Dios daba una décima parte al Señor, pobres de nosotros que vivimos bajo la gracia, si no lo mejoramos. El diezmo

23. Ibid., 48.
24. LeTourneau University, "The Mission of R. G. LeTourneau", http://www.letu.edu/_Academics/library/museum/Mission/.
25. LeTourneau, *R. G. Talks About...*, 148.

puede ser un lugar para comenzar si no está ahora dando al Señor, pero no es un lugar para detenerse. Ve lo que quiero decir. Si tiene una visión de lo que cuesta nuestra salvación, ve a Cristo en la cruz, los crueles clavos en sus manos y pies, la multitud burlándose y el peso de nuestro pecado pagando la pena por usted y por mí, pondrá su servicio y su aportación en un plano diferente. Él se dio a sí mismo voluntariamente para darnos salvación de nuestro pecado. Si entendemos bien esto, solo podremos amarle...

El verdadero amor basado en un entendimiento de la gracia de Dios, profunda gratitud por el don de la salvación mediante nuestro Señor, resolverá el problema de "qué le debería dar a Dios" porque mi pensamiento cambiará para considerar que todo lo que soy y lo que tengo le pertenece a Él, y que yo soy un administrador suyo mientras le sirvo en esta vida.[26]

Al dar un tributo a R. G. En su setenta cumpleaños, su hijo Richard volvió a relatar los principios cristianos por los que su padre había vivido para tener éxito:

1. En primer lugar, él tiene el deseo profundo de hacer la voluntad del Señor independientemente de cuál sea, y está dispuesto a aceptar la voluntad del Señor sin preguntar...

2. Segundo, tiene una tremenda fe en que Dios vencerá todos los problemas y dificultades en su propio tiempo y a su propia manera...

3. Su único propósito en la vida es servir al Señor de cualquier forma que el Señor quiera...

4. En cuanto a cómo debe funcionar la empresa, él cree que la mayoría de los hombres están, o al menos deberían estar, interesados en el trabajo que están haciendo y no

26. Ibid., 246–247.

solo en una máquina de fichar de ocho a cinco o de siete a tres y media...

5. En cuanto al trato con el personal, puede perdonar y olvidar un error de mil dólares si la persona admite que fue un error y no intenta cubrirlo ni poner excusas...

6. Por último, para todo aquel que está cerca de él, es alguien que "pone en práctica lo que dice".[27]

En un reportaje sobre el funeral de R. G. LeTourneau, el *Longview News-Journal* decía:

Basando sus comentarios en la vida del Sr. LeTourneau en Hechos 13:36, el Dr. Harvey dijo: "Robert Gilmour LeTourneau estructuró su vida sobre los principios de que un hombre debe conocer a Dios, un hombre debe conocer la voluntad de Dios, y un hombre debe hacer la voluntad de Dios. El Sr. LeTourneau creía con todo su corazón que Dios tenía un mensaje para él, y el mejor epitafio para este gran hombre es que sirvió a su generación por voluntad de Dios.

Su fuerza motora era conseguir que todos los hombres conocieran a Dios como él lo conocía, porque Dios era real para él... y hablaba con Dios con la calma del conocimiento seguro, en cualquier momento y en cualquier lugar".[28]

Tras el funeral, uno de los empleados de LeTourneau escribió:

¿Cómo atribuimos un ministerio de tal rango a una pareja? Quizá esto lo explica: El Sr. R. G., hablando a una reunión de hombres, dijo: "Usted nunca sabrá lo que puede lograr, cuál es su potencial, hasta que no le dé UN GRAN 'SÍ' A DIOS"... Como respuesta a la pregunta de cómo podemos

---

27. Ibid., 9–12.
28. Ibid., 252–253.

conocer la voluntad de Dios para nuestra vida, el Sr. R. G. a menudo responde: "Uno no tiene que saber eso. Si usted tiene un Guía en quien confía, no necesita saber el destino para seguirle. Simplemente dé el SIGUIENTE PASO con Él, ponga toda su confianza en Él en todos los detalles de la vida".[29]

En su autobiografía, R. G. LeTourneau escribió:

Durante veinticinco años o más, he estado viajando por esta tierra nuestra y a algunos países del extranjero intentando enseñar y predicar, con la palabra y con el ejemplo, que un empresario cristiano le debe tanto a Dios como un predicador. El resto del tiempo construyo maquinaria, casi cualquier tipo de maquinaria mientras sea grande, y potente, y pueda moverse para hacer cosas que ninguna otra máquina podría hacer antes. Algunas personas piensan que no tengo razón, que no se puede servir al Señor y también a la empresa, pero ese es precisamente el punto. Dios necesita empresarios como colaboradores tanto como predicadores. Cuando Él creó el mundo y todo lo que hay en él, no quiso decir que nosotros nos detuviésemos ahí y dijéramos: "Dios, tú lo has hecho todo. Ya no queda nada por hacer". Él quería que nosotros lo tomáramos desde ahí y realmente edificásemos para mayor gloria de Él.[30]

Con la muerte de R. G. LeTourneau en 1969, el *New York Times* publicó una historia sobre el "fabricante internacionalmente conocido de equipamiento para mover tierra", la cual incluía lo siguiente:

A Robert Gilmour LeTourneau le gustaba hacer dos cosas: "Una es diseñar máquinas, encender el motor y

---

29. Ibid., 239.
30. R. G. LeTourneau, *R. G. LeTourneau: Mover of Men and Mountains* (Chicago, IL: Moody Press), 1.

verlas funcionar; la otra es ayudar a encender el poder del evangelio y verlo funcionar en la vida de la gente". Hizo ambas cosas a lo grande.

El Sr. LeTourneau era el constructor y fabricante de la maquinaria de movimiento de tierra más grande del mundo. También era un evangelista de cruzadas que regularmente viajaba más de trescientos mil kilómetros al año predicando. Su lema era "Dios es mi socio... Dios es el director de mi consejo directivo".

El Sr. LeTourneau creía que "una fábrica puede estar dedicada a Dios tanto como una iglesia y que se puede usar como un medio para salvar a muchas almas".[31]

Una vez, R. G. LeTourneau compartió una historia sobre una visita a una mina de diamantes en el Congo Belga. Tras su visita, recibió una carta del propietario preguntando si él tenía una máquina que mejorase la eficacia de la compañía. Cuando R. G. revisaba la operación, Dios le dio revelación. Vio el proceso de la mina de diamantes con ojos espirituales, y dijo:

La Biblia asemeja nuestro trabajo aquí en la tierra para el Señor con oro, plata y piedras preciosas. Será probada por fuego y la madera, el heno y la paja serán quemados; así que quiero que mi trabajo sea como una joya, un diamante si quiere, para el Señor... Creo que Dios está seleccionando de este mundo malvado personas que brillen para él en los siglos venideros, algunos de cada familia, lengua, pueblo y nación. Y cantarán una nueva canción en el cielo, Apocalipsis 5:9.[32]

¿Es usted un diamante para Dios? ¿Le permitirá brillar a través de usted?

---

31. LeTourneau, R. G. *Talks About...*, 248–250.
32. Ibid., 230–232.

Recuerde: el propósito de Él para su vida incluye prosperidad no solo para usted sino también para la obra de su reino.

Busque las semillas de su sueño, esos dones o talentos que Dios ha plantado en usted como semillas de visión profética. Nútralas. Comience a perseguir su visión. Embarácese del sueño de Dios mientras medita en él y en su Palabra. Declare la Palabra y la provisión de Dios sobre su vida. Cuando lo haga, verá el campo de Dios para usted, y le seguirán bendiciones de riquezas. Así, su Padre celestial proveerá la manera para que usted cumpla los propósitos de Él y encuentre una verdadera realización. Entonces podrá usted bendecir la obra del Señor.

Ahora ya conoce los principios para obtener una mentalidad de millonario. ¿Qué hará con esta información? ¿Permitirá que cambie su vida para poder proveer para su familia y convertirse en una bomba de efectivo para el reino de Dios? Usted decide. El mundo entero está esperando su decisión. ¡Persígala!

APÉNDICE

LA VIDA COMO HIJO DE DIOS

CREZCA CONVIRTIÉNDOSE EN HIJO DE DIOS

¿Ha recibido alguna vez el regalo de Dios de la vida eterna? ¿Sabe a ciencia cierta que si muriese hoy usted iría al cielo? La vida eterna es un regalo de Dios. Cuando Jesucristo murió físicamente en la cruz y resucitó de la muerte, pagó por nuestros pecados. La Biblia dice:

> *Porque de tal manera amó Dios al mundo, que ha dado a su Hijo unigénito, para que todo aquel que en él cree, no se pierda, mas tenga vida eterna.* (Juan 3:16)

Como Jesús pagó por este regalo, nosotros no tenemos que hacerlo. Solo tenemos que recibirlo.

> *Mas a todos los que le recibieron, a los que creen en su nombre, les dio potestad de ser hechos hijos de Dios.* (Juan 1:12)

> *Porque por gracia sois salvos por medio de la fe; y esto no de vosotros, pues es don de Dios; no por obras, para que nadie se glorie.*   (Efesios 2:8–9)

La manera de recibir el regalo de Dios es simplemente creer la Palabra de Dios y recibirla profesándola en voz alta.

> *Que si confiesas con tu boca que Jesús es el Señor, y crees en tu corazón que Dios lo levantó de entre los muertos, serás salvo. Porque con el corazón se cree para ser justificado, pero con la boca se confiesa para ser salvo.*
>   (Romanos 10:9–10, NVI)

Ahora, si quiere recibir vida eterna, haga esta oración en voz alta:

Padre,

Gracias por amarme. Gracias por dar a tu Hijo, Jesús, para morir y resucitar de la muerte por mí.

Jesucristo, Hijo de Dios, ven a mi corazón, perdóname mis pecados, y sé mi Señor y Salvador. Jesús, declaro que eres el Señor y que eres el Señor de mi vida. En el nombre de Jesús, amén.

¡Ahora usted ha nacido de nuevo!

Todos los creyentes tienen derecho a reclamar más de siete mil promesas que Dios ha escrito en su Palabra. Si usted hizo esta oración, ¡eso le incluye a usted! Para conocer estas promesas, le animo a asistir regularmente a una iglesia local que enseñe la Palabra de Dios, la Biblia.[33] Pase tiempo en oración a diario, en comunión con el Señor, y leyendo la Biblia. Esto le ayudará a entender *"la nueva criatura"* en la que usted se ha convertido en Cristo.

---

33. Si usted vive en la zona de New Castle, Delaware, por favor visite nuestros servicios en Victory Christian Fellowship. Visite nuestra página web, www.gwwn. com, para más información y dirección.

De modo que si alguno está en Cristo, nueva criatura es; las cosas viejas pasaron; he aquí todas son hechas nuevas.

(2 Corintios 5:17)

Para más información sobre su nueva vida en Cristo, le animo a leer el libro *El Caminar Victorioso: El Manual Para la Victoria del Creyente.*

CREZCA RECIBIENDO EL ESPÍRITU DE DIOS

¿Ha recibido el Espíritu Santo desde que creyó por primera vez? En Hechos 19:2, el apóstol Pablo hizo a los efesios esta importante pregunta: *"¿Recibisteis el Espíritu Santo cuando creísteis?"*. La pregunta les dejó perplejos, y respondieron: *"Ni siquiera hemos oído si hay Espíritu Santo".*

Después, cuando oraron juntos, *"el Espíritu Santo vino sobre ellos, y empezaron a hablar en lenguas y a profetizar"* (Hechos 19:6, NVI).

¿QUÉ ES EL BAUTISMO EN EL ESPÍRITU SANTO?

El bautismo en el Espíritu Santo ocurre cuando Dios derrama su Espíritu sobre la vida de una persona para equiparla a fin de ser un testigo de Jesús. Cristo dijo:

Pero recibiréis poder, cuando haya venido sobre vosotros el Espíritu Santo, y me seréis testigos en Jerusalén, en toda Judea, en Samaria, y hasta lo último de la tierra.

(Hechos 1:8)

El bautismo en el Espíritu Santo es una unción de poder, una capacitación o habilidad de Dios, que equipa a los creyentes para ser testigos de la vida de Jesucristo.

El Espíritu Santo fue dado a la humanidad el día de Pentecostés y no se ha ido desde entonces. El bautismo en el Espíritu es una experiencia distinta de la conversión a Cristo. Fue una experiencia distinta en las vidas de los apóstoles el día de Pentecostés, y es una experiencia distinta para los creyentes en la actualidad.

¿PARA QUIÉN ES?

El bautismo en el Espíritu Santo es para los creyentes, porque sin Cristo, el mundo no puede recibirle. Esta experiencia es para equipar y preparar a los creyentes para adorar sobrenaturalmente a Dios. El primer mover del Espíritu Santo cuando vino sobre los primeros cristianos fue alabar a Dios a través de ellos. (Véase Hechos 2:11)

¿POR QUÉ SER BAUTIZADO EN EL ESPÍRITU SANTO?

Es la voluntad de Dios que todo creyente sea bautizado en el Espíritu Santo. Él desea que usted rebose continuamente de su Espíritu. Jesús *mandó* a los discípulos que no se fueran de Jerusalén hasta que hubieran recibido poder.

> *He aquí, yo enviaré la promesa de mi Padre sobre vosotros; pero quedaos vosotros en la ciudad de Jerusalén, hasta que seáis investidos de poder desde lo alto.* (Lucas 24:49)

En Efesios 5:17–18, la Palabra de Dios dice que los creyentes deben entender (comprender, asimilar, percibir) cuál es la voluntad de Dios y ser llenos del Espíritu Santo.

> *Por tanto, no seáis insensatos, sino entendidos de cuál sea la voluntad del Señor. No os embriaguéis con vino, en lo cual hay disolución; antes bien sed llenos del Espíritu.*

Jesús también dijo que los que creen en Él deberían recibir el Espíritu Santo:

> *Esto dijo del Espíritu que habían de recibir los que creyesen en él; pues aún no había venido el Espíritu Santo, porque Jesús no había sido aún glorificado.* (Juan 7:39)

¿CÓMO RECIBO EL BAUTISMO EN EL ESPÍRITU SANTO?

Pida, y recibirá. Saber que es la voluntad de Dios para noso-tros que seamos llenos del Espíritu Santo nos da confianza para pedirle que nos bautice en el Espíritu Santo.

Y esta es la confianza que tenemos en él, que si pedimos alguna cosa conforme a su voluntad, él nos oye. Y si sabemos que él nos oye en cualquiera cosa que pidamos, sabemos que tenemos las peticiones que le hayamos hecho.   (1 Juan 5:14–15)

Pedid, y se os dará.   (Lucas 11:9)

Pues si vosotros, siendo malos, sabéis dar buenas dádivas a vuestros hijos, ¿cuánto más vuestro Padre celestial dará el Espíritu Santo a los que se lo pidan?   (Lucas 11:13)

¿QUÉ OCURRE CUANDO RECIBO EL BAUTISMO EN EL ESPÍRITU SANTO?

Cuando usted es lleno del Espíritu Santo, hablará en un len-guaje sobrenatural. Su corazón se entregará más completamente a Dios, con quien se reconcilió cuando nació de nuevo. Jesús dijo: *"Y estas señales seguirán a los que creen: En mi nombre... hablarán nuevas lenguas"* (Marcos 16:17).

Los gentiles en la casa de Cornelio hablaron en lenguas cuando el Espíritu Santo vino sobre ellos. (Véase Hechos 10:44–48). Del mismo modo, como estudiamos anteriormente, los habitantes de Éfeso hablaron en lenguas cuando el Espíritu Santo vino sobre ellos: *"Y habiéndoles impuesto Pablo las manos, vino sobre ellos el Espíritu Santo; y hablaban en lenguas, y profetizaban"* (Hechos 19:6).

¿CUÁLES SON LOS BENEFICIOS DE HABLAR EN LENGUAS?

1. Nos permite alabar al Señor de una forma indicada por Dios.

Porque si bendices sólo con el espíritu... tú, a la verdad, bien das gracias.   (1 Corintios 14:16–17)

2. Nos edifica espiritualmente.

El que habla en lengua extraña, a sí mismo se edifica.
                                            (1 Corintios 14:4)

3. Nos recuerda la presencia del Espíritu Santo en nosotros.

Y yo rogaré al Padre, y os dará otro Consolador, para que esté con vosotros para siempre: el Espíritu de verdad, al cual el mundo no puede recibir, porque no le ve, ni le conoce; pero vosotros le conocéis, porque mora con vosotros, y estará en vosotros.   (Juan 14:16–17)

4. Nos ayuda a orar en sintonía con la perfecta voluntad de Dios.

Y de igual manera el Espíritu nos ayuda en nuestra debilidad; pues qué hemos de pedir como conviene, no lo sabemos, pero el Espíritu mismo intercede por nosotros con gemidos indecibles. Mas el que escudriña los corazones sabe cuál es la intención del Espíritu, porque conforme a la voluntad de Dios intercede por los santos.   (Romanos 8:26–27)

5. Estimula la fe.

Pero vosotros, amados, edificándoos sobre vuestra santísima fe, orando en el Espíritu Santo.   (Judas 1:20)

6. Nos refresca espiritualmente.

Porque en lengua de tartamudos, y en extraña lengua hablará a este pueblo, a los cuales él dijo: Este es el reposo; dad reposo al cansado; y este es el refrigerio; mas no quisieron oír.
                                            (Isaías 28:11–12)

7. Nos da acceso directo a Dios.

Porque el que habla en lenguas no habla a los hombres, sino a Dios; pues nadie le entiende, aunque por el Espíritu habla misterios.   (1 Corintios 14:2)

Porque si yo oro en lengua desconocida, mi espíritu ora, pero mi entendimiento queda sin fruto.   (1 Corintios 14:14)

Si quiere recibir el bautismo del Espíritu Santo, por favor haga esta oración en voz alta:

Padre,

Gracias porque si pido ser lleno del Espíritu Santo, seré lleno. La evidencia es que hablaré en otras lenguas por mi voluntad, aunque no entienda lo que estoy diciendo con mi mente.

Ahora, Padre, lléname con el Espíritu Santo, en el nombre de Jesús. Gracias por llenarme. Lo recibo ahora. Mediante una decisión de mi voluntad, te hablaré en otras lenguas. En el nombre de Jesús, amén.

Podemos edificarnos y hablar a Dios dondequiera que estemos: en el automóvil, en el autobús o en un avión, en casa o incluso en el trabajo. No molestará a nadie. Hablar en lenguas es un medio de mantenerse libre de la contaminación del mundo.

LOS DONES SOBRENATURALES DEL ESPÍRITU SANTO

Los dones del Espíritu Santo pueden comenzar a actuar en la vida y a través de la vida de alguien una vez que se ha recibido al Espíritu Santo. Según 1 Corintios 12:7–11, los nueve dones del Espíritu son:

+ palabra de sabiduría

+ palabra de ciencia

+ fe

+ sanidades

+ hacer milagros

+ profecía

+ discernimiento de espíritus

+ diversos géneros de lenguas

+ interpretación de lenguas

Para más información sobre los dones del Espíritu y cómo vivir como un cristiano victorioso, por favor lea mi libro *El Caminar Victorioso: El Manual Para la Victoria del Creyente.*

CRECER CONOCIENDO LA PALABRA DE DIOS

Conviértase en un estudiante de la Palabra de Dios. Una manera de hacerlo es inscribiéndose en una escuela de estudios bíblicos. Comience a leer la Biblia y a pedirle al Espíritu Santo que le revele la verdad de Dios. Esto es esencial para vivir una vida victoriosa.

Ahora echemos un vistazo a nuestro enemigo número 1.

+ Nuestro enemigo número 1 está al acecho.

+ Nuestro enemigo número 1 sabe más que usted.

+ Nuestro enemigo número 1 le impide tener una realización completa.

+ Nuestro enemigo número 1 ha destruido su pasado.

+ Nuestro enemigo número 1 rompe familias.

+ Nuestro enemigo número 1 está siempre con usted.

+ Nuestro enemigo número 1 es (shhh—no se lo diga a nadie) ¡la ignorancia!

¡Lo que usted *desconoce* le dañará! ¡No deje que la ignorancia destruya su futuro como hizo con su pasado! Dios ha declarado: *"Mi pueblo fue destruido, porque le faltó conocimiento. Por cuanto desechaste el conocimiento, yo te echaré del sacerdocio"* (Oseas 4:6).

ACERCA DEL AUTOR

Gary Whetstone es el fundador y pastor principal de Victory Christian Fellowship en New Castle, Delaware, y fundador de Gary Whetstone Worldwide Ministries. Tiene un doctorado en educación religiosa de Chesapeake Bible College & Seminary en Ridgely, Maryland.

Desde que experimentó personalmente la milagrosa liberación y sanidad de Dios en 1971, el Dr. Whetstone ha dedicado su vida a ayudar a otros a experimentar libertad mediante la Palabra de Dios. En la actualidad ministra frecuentemente por las iglesias del mundo, seminarios y cruzadas evangelistas. Con el don de enseñar, el Dr. Whetstone da enseñanzas bíblicas muy prácticas dondequiera que ministra, y ha visto a Dios obrar con señales poderosas, maravillas y milagros en su ministerio. Cientos de miles de personas han nacido de nuevo, han sido llenas del Espíritu, sanadas y liberadas.

Con una gran carga por ministrar en la comunidad local, el pastor Gary Whetstone y su iglesia han lanzado campañas transformadoras en varias áreas. Entre ellas están VIH/SIDA; abuso de sustancias y alcohol; centros de alcance a los suburbios de la comunidad; Saturday Sidewalk Sunday School; programas de alcance mediante alimentos y ropa; y muchas grandes campañas evangelísticas, como la drástica producción "Jesús, luz del mundo", que atrae a más de cuarenta y cinco mil personas anualmente.

Con el deseo de difundir la verdad y las buenas nuevas del evangelio por el mundo, la pasión del Dr. Whetstone es ver la Palabra de Dios cubriendo la tierra como las aguas cubren el mar. Esta visión se está logrando mediante muchas campañas ministeriales, entre las que se incluyen enviar equipos de evangelismo y misioneros por todo el mundo; programas de radio y televisión; ministerio a través de Internet; y la Escuela de Estudios Bíblicos. Con un extenso programa de entrenamiento en audio y video, esta escuela equipa a cristianos para que experimenten la presencia de Dios y entiendan la Biblia. Hoy día, este programa de entrenamiento está establecido en cientos de iglesias en América del norte y del Sur, Australia, Europa, Asia y África. Además de la iglesia local y las sucursales internacionales, la Escuela de Estudios Bíblicos está disponible para individuos por extensión en sus hogares usando casetes de audio, videos, CD, CD-ROM y VCD.

Gary Whetstone ha aparecido en muchos programas de radio y televisión nacionales e internacionales, y es autor de muchos libros, incluyendo *The Victorious Walk: A Handbook for the New Believer's Victory, How to Identify and Remove Curses, Make Fear Bow,* y su testimonio personal de liberación y sanidad milagrosa en *Conquering Your Unseen Enemies: How Jesus Sets You Free.* El gran número de guías de estudio que ha producido son un testamento a su don en la enseñanza bíblica práctica, y están disponibles para usar con sus numerosas series de enseñanza en video y audio.

Dios ha dotado al Dr. Whetstone de una habilidad increíble para los negocios, permitiéndole con ello publicar una serie de enseñanzas, incluyendo Purchasing and Negotiations and Success in Business, las cuales ha comunicado en su programa de radio Power Impact. Este programa actualmente tiene una audiencia de más de cuatro millones de oyentes en la costa este de los Estados Unidos.

El Dr. Whetstone y su esposa desde hace casi treinta años, Faye, tienen un testimonio único de un matrimonio restaurado, el cual logró captar la atención nacional y fue la historia de portada en la revista Charisma. Gary y Faye ahora llevan a cabo seminarios anuales de avance matrimonial para parejas con la intención de enriquecer profundamente sus relaciones.

Sus dos hijos adultos, Eric y Laurie, junto con su nuera Rebecca, y su nieto Isaiah, están activamente involucrados en los esfuerzos locales e internacionales para Jesucristo. Para tener a Gary o Faye Whetstone como oradores, por favor contacte con:

Gary Whetstone Worldwide Ministries

P.O. Box 10050

Wilmington, DE 19850

E-mail: info@gwwm.com